LE ROMAN
DE MOLIÈRE

Paris.—Imprimé chez Bonaventure et Ducessois,
55, quai des Augustins

LE ROMAN
DE
MOLIÈRE

SUIVI DE

FRAGMENTS SUR SA VIE PRIVÉE

d'après des documents nouveaux

PAR

ÉDOUARD FOURNIER

PARIS

E. DENTU, ÉDITEUR

Libraire de la Société des Gens de lettres

Palais Royal, 17 et 19, galerie d'Orléans.

1863

Tous droits réservés.

Ceci n'est qu'un volume préliminaire, un petit livre d'avant-goût, servant de prélude et par avance aussi de pièce justificative à l'ouvrage plus complet, Molière au théâtre et chez lui, que je prépare pour la librairie Didier.

Molière est plus que jamais à la

mode chez les érudits. Partout on s'occupe de lui; on cherche et l'on trouve.

J'ai donc pensé que je ne devais pas différer davantage pour dire aussi mon mot, indiquer ma part de découvertes et prouver, en attendant mieux, qu'aucune partie de cet intéressant sujet ne m'est restée étrangère.

Ce m'est d'ailleurs une favorable occasion de faire connaître ce qu'on doit, sur Molière, à l'infatigable chercheur Beffara, dont les manuscrits dorment inexplorés à la Bibliothèque impériale, bien qu'il y eût consigné, il y a plus de trente ans déjà, une partie des documents récemment retrouvés.

Pour mon compte, je lui suis fort redevable. Je dois aussi beaucoup à M. Édouard Thierry, administrateur du Théâtre-Français, qui, par l'obligeante entremise de M. Léon Guillard, bibliothécaire de la Comédie, a bien voulu me mettre à même de consulter longuement le Registre de La Grange, d'où j'ai tiré presque entièrement un des chapitres qui vont suivre.

Je suis heureux de pouvoir l'en remercier ici.

LE ROMAN DE MOLIÈRE

I.

Ce n'est pas l'auteur de comédies, dont on a tant parlé sans tout dire, que nous allons ici étudier en Molière, c'est l'homme même, en le cherchant surtout dans la passion qui le posséda le plus, et tout entier : l'amour.

S'il entra dans la voie, où l'attendaient tant d'épreuves et tant de gloire, c'est que l'amour l'y entraîna.

Si, parmi tant d'œuvres admirées, il en est quelques-unes où le sentiment humain éclate encore mieux qu'ailleurs et sur lesquelles il semble qu'on entende retentir *ce rire amer*, véritable accent de l'humaine comédie, dont parlait Boileau après avoir écouté Molière dans certaines parties du *Misanthrope*[1]; c'est que pour ses œuvres supérieures aux autres, parce qu'il y laissa plus de lui-même, l'amour avec ses dépits, ses douleurs et ses désespoirs l'inspirait.

Je sais, parmi les chants de la Grèce héroïque, une chanson dansée, où la Comédie primitive cueillit toutes faites quelques-unes de ses plus jolies scènes d'amour, et qui nous donne aussi en sa fleur la plus épanouie la partie amoureuse de l'œuvre de Molière. La connaissait-il? je le crois, car, parmi les choses de l'antiquité, il en est peu qu'il ignorât; mais son cœur aussi pur, aussi vrai que celui des hommes primitifs à qui l'idée en était venue, aurait pu la trouver de lui-même.

Cette chanson, égayée de danses, est ce

---

1. « Il a encore, dit Brossette parlant de Despréaux, récité cet endroit du *Misanthrope* de Molière, où il dit (quand on rit de sa fermeté outrée) : *Par la sangbleu, messieurs, je ne croyois pas être si plaisant que je suis.* (Acte II, scène dernière.)

« Molière, en récitant cela, s'accompagnoit d'un ris amer, si piquant, que M. Despréaux, en le faisant de même, nous a fort réjouis. » *Mém.* de Brossette sur Boileau, à la suite de sa *Correspondance*. (Édit. Aug. Laverdet, 1858; in-8°, p. 522.)

qu'on appelait dans Égine, Athènes ou Sicyone, le *chant amœbée*. Au milieu d'un cercle de belles jeunes filles et de beaux adolescents, s'avance un jeune homme armé d'un glaive d'or, et une vierge couverte d'un voile et couronnée de fleurs. Ils chantent, ils dansent; et leurs danses et leurs chants expriment l'amour dont ils sont épris. Mais voilà qu'ils se séparent, le dépit éclate dans leurs paroles et sur leur visage. Ils se fuient, puis reviennent, mais pour se fuir de nouveau. Encore quelques instants et le dépit deviendra de la colère; des larmes, de vraies larmes couleront; mais non, un sourire a brillé, et la rosée qui perlait déjà s'évanouit sous ce gai rayon. Les mains se reprennent, les bras s'enlacent; la danse recommence avec la chanson, et les deux amoureux, fiancés par ce retour de tendresse, gagnent, en se caressant toujours, la couche nuptiale. Toute la comédie de l'amour est dans cette scène antique où se reflète aussi l'image fidèle de la vie amoureuse de Molière.

Partout où nous le rencontrons, il aime; partout où il aime, il trouve moins des occasions de bonheur tranquille que des occasions de dépit jaloux, et cependant il ne cesse jamais d'aimer. Ainsi sa vie se passe dans ces continuelles variations du *chant amœbée*; mais, toujours soigneux de cacher ses tristesses, n'oubliant jamais sous ses propres ennuis le rire dont il a fait son art, il ne prend de ce chant, moitié sérieux et moitié triste, que la note souriante pour en faire comme le refrain de ses comédies.

Depuis l'une des premières jusqu'à l'une des dernières, depuis *le Dépit amoureux* jusqu'au *Bourgeois gentilhomme*, nous le suivons ce refrain de l'admirable esprit, trop rempli des pensées qui l'oppressent pour ne pas les faire déborder sur ce qu'il écrit, mais trop bon aussi pour en communiquer l'amertume, et s'appliquant alors à traduire en sourires pour le public toutes ses secrètes mélancolies. Si Molière n'était qu'un esprit, l'âcre satire ne lui coûterait pas; elle serait l'expression naturelle et complète de ce qu'il souffre; mais c'est un cœur aussi, et comme le fiel ne sort jamais du cœur, on n'en trouve pas dans ses œuvres. Il sent qu'il doit au monde, puisque sa mission est de l'instruire, la confidence de ce qu'il souffre; mais il lui vient du cœur je ne sais quelle crainte de communiquer sa souffrance en l'exprimant avec toute son amertume, et il n'en prend pour le montrer aux autres que ce qui peut leur être une leçon mêlée d'amusement. Ses pensées sont amères, mais le miel est sur ses lèvres et tout s'adoucit en y passant. Ainsi, dans *le Misanthrope* même, où il est tout entier avec toutes ses peines, on ne trouve, sauf quelques éclats de ce rire désespéré dont je parlais tout à l'heure, que l'expression d'un chagrin qui craint d'être contagieux en se faisant trop voir, qui aime mieux rire que se faire plaindre et au fond du quel on sent bien moins la haine du mal que des regrets pour l'absence du bien.

Et là pourtant toute son âme aurait dû éclater en sanglots, car il souffrait alors, à ce moment du *Misanthrope*, tout ce qu'un cœur aimant peut souffrir. Époux, il était odieusement trahi ; poëte, il était persécuté : sa comédie de *Tartuffe* se trouvait prise dans les piéges des faux dévots ; ami, il était trompé : Racine le quittait pour la scène de l'hôtel de Bourgogne et lui enlevait l'*Alexandre*, quoiqu'il l'eût déjà joué plusieurs fois sur son théâtre. Ce n'est pas tout, la maladie dont il devait mourir sept ans après commençait à le torturer, et comme ses acteurs ne pouvaient rien sans lui, il fallait qu'il suspendît, pendant deux mois, ses représentations !

Ainsi, malade lui-même d'âme et de corps, souffrant de plus de toutes les misères que l'inaction allait faire endurer à ceux dont il était moins le chef que le père et l'ami : voilà Molière, à l'heure du *Misanthrope*. Il faudrait à d'autres de bien moindres douleurs pour se croire le sujet d'une tragédie ou d'un mélodrame ; lui, ne fit qu'une comédie, où il se représenta dans un personnage qui semble inviter moins à s'apitoyer sur ses chagrins qu'à rire de ses brusqueries. Est-il possible de pousser plus loin le dévouement pour son art et d'avoir plus gaiement la force du génie en ses expériences sur lui-même ? On peut dire de Molière, en ces luttes, ce que Sarrazin a dit de Henri IV, en ses batailles : *Son courage riait !* C'est que tous deux, le comédien et le roi, étaient d'essence véritablement française.

Si c'est ainsi qu'en usait Molière avec ses douleurs les plus profondes, on comprend avec quelle facilité il devait se faire un jeu des menues peines de l'amour, de ces dépits dont je parlais, et qui semblent avoir été l'accident quotidien de ses passions si nombreuses et si diverses. Ses comédies, en plus d'une scène, en ont, comme je l'ai dit, gardé le reflet et l'écho. Éraste, du *Dépit amoureux*, dans la scène de fâcherie et de raccommodement avec Lucile, c'est Molière; et Gros-René, avec Marinette, c'est Molière aussi. Dans *Tartuffe*, Valère querellant Marianne, puis revenant à elle, c'est encore lui; et dans *le Bourgeois gentilhomme*, Cléonte se prenant de colère boudeuse contre une autre Lucile, mais n'attendant qu'un sourire pour se rengager, c'est lui, toujours lui.

Il se faisait déjà vieux à cette dernière fois, c'était trois ans avant sa mort, mais il n'avait rien désappris de l'amour. Son cœur était une source inépuisable de tendresse, et la conduite de sa femme une source non moins intarissable d'amertume et de dépit. Ainsi, malgré l'âge, malgré ses quarante-huit ans, il pouvait se croire encore un jeune amoureux, puisqu'il souffrait toujours de l'amour.

C'est sa femme, c'est Armande Béjard, qui, pour la scène de Valère et de Marianne dans *Tartuffe* lui avait déjà donné la réplique, sinon sur le théâtre, du moins chez lui, où ne se multipliaient que trop ces sortes de brouilleries, qu'un raccommodement ne suivait pas toujours; mais cette fois-là le public avait pu se méprendre sur les personnages, tandis que, dans *le Bourgeois gentilhomme*[1], il ne put s'y tromper. Molière lui-même prit plaisir à peindre Lucile, qui affolait et désolait Cléonte sous les traits d'Armande elle-même.

« —Elle a les yeux petits, dit Covielle, le valet, à qui l'amour n'a pas ôté la clairvoyance.

« —Cela est vrai, répond Molière par la bouche de Cléonte, elle a les yeux petits, mais les a pleins de feu, les plus brillants, les plus perçants du monde, les plus touchants qu'on puisse voir.

« —Elle a la bouche grande, ajoute Covielle.

« —Oui ; mais on y voit des grâces qu'on ne voit point aux autres bouches, et cette bouche, en la voyant, inspire des désirs, est la plus attrayante, la plus amoureuse du monde.

« —Pour la taille, elle n'est pas grande.

« —Non, mais elle est aisée et bien prise...

« —Pour de l'esprit...

« —Elle en a, Covielle, du plus fin, du plus délicat...

« —Elle est toujours sérieuse.

« —Veux-tu de ces enjouements épanouis,

---

1. Acte III, scène IX.

de ces joies toujours ouvertes? Et vois-tu rien de plus impertinent que les femmes qui rient à tout propos?

«—Mais enfin, elle est capricieuse autant que personne du monde.

«—Oui, elle est capricieuse, j'en demeure d'accord; mais tout sied bien aux belles, on souffre tout des belles...»

Et Molière, dont ce dernier mot est le cri, souffrit tout d'Armande, non pas en aveugle, pouvait-il l'être? non pas comme un complaisant, mais comme un martyr. En ce temps même, s'il fallait croire une tradition transmise par Grimarest, à l'époque de la première représentation du *Bourgeois gentilhomme*, qui fut, on le sait, donnée à Chambord en 1670, à l'heure où Molière apportait comme gage de quelque réconciliation nouvelle ce portrait d'Armande, Armande le trompait plus cruellement que jamais. Elle mettait en œuvre, avec quelques-uns des seigneurs les plus séduisants parmi ceux de la cour, ces ressources de coquetterie qu'elle possédait si bien, et dont Molière, qui en savait les effets, semble avoir craint de parler. C'est le seul trait qui manque à son esquisse; mais lors même que la conduite d'Armande ne nous apprendrait pas tout ce qu'elle avait en cela d'art et de manéges infinis, d'autres, qui n'avaient pas les mêmes motifs de discrétion que Molière, ne nous le laisseraient pas ignorer. C'était la plus fine mouche de coquette dont on puisse se faire une idée. Il n'était pas d'air ni de mine qui ne lui fussent familiers, suivant les circonstances. Avec Molière, *le contemplateur* et le mélancolique, elle faisait la sérieuse, lui-même vous l'a dit; mais avec d'autres, croyez que l'égrillarde avait des airs de rechange, et ne tarissait pas en rires et chansons. Bien chanter était, avec l'art des fines simagrées, son principal talent sur le théâtre; il va donc sans dire que ce devait être aussi, à la ville, son principal manége de coquetterie. « Si, lisons-nous dans les *Entretiens galants*[1], livre de cette époque, dont l'auteur paraît bien connaître les personnes qu'il cite; si la Molière retouche quelquefois à ses cheveux, si elle raccommode ses nœuds et ses pierreries, ces petites façons cachent une critique judicieuse et naturelle. Elle entre par là dans le ridicule des femmes qu'elle veut jouer. Mais enfin, avec tous ces

---

1. Tome II, page 89.

avantages, elle ne plairoit pas tant si sa voix était moins touchante. Elle en est si persuadée elle-même que l'on voit bien qu'elle prend autant de divers tons qu'elle a de rôles différents. »

Molière fit à ses dépens une étude complète de tous les tons divers de cette sirène, et ses comédies reçurent la confidence de ses épreuves. Pour que rien ne lui fût épargné, avant d'avoir les souffrances du malheur même, il eut celles du pressentiment. Il avait pour ainsi dire vu naître Armande, puisque, ainsi que nous le verrons tout à l'heure, il s'était associé jeune encore à la troupe de la mère, Madeleine Béjard, dont il fut le comédien par amour[1]. L'enfant promit ce que devait être la femme. Toutes les coquetteries de Célimène étaient en fleur dans les savantes ingénuités d'Agnès. Molière n'y fut pas trompé, mais il y fut pris, comme il arrive aux hommes les plus experts, qui, sachant où est le piége, y courent pourtant d'eux-mêmes. Si, avant d'être la Célimène du *Misanthrope*, Armande fut l'Agnès de *l'École des femmes*,

---

1. Ce que nous avons à dire sur Madeleine Béjard, sœur ou plutôt mère d'Armande, se trouvera plus loin.

Molière aussi fut Arnolphe avant d'être Alceste, et il le fut avec la conscience qu'il l'était.

Il ne s'était pas fait d'illusion sur l'éducation déplorable de cette enfant, dont son naturel mauvais faisait la trop docile écolière d'une mauvaise école [1]. Il avait mesuré la différence de leur âge ; il s'était représenté comme un abîme les vingt-trois années qu'il avait de plus qu'Armande ; il avait, l'un après l'autre, scruté tous ces secrets du savoir féminin qui dormaient sous l'ignorance de la petite fille, et qui se révéleraient bien vite dans les coquetteries de la femme, pour peu surtout qu'elle eût pour mari un homme déjà sur l'âge ; il avait enfin tout pressenti, il avait même dit ses pressentiments. *Don Garcie*, ce précurseur d'Alceste [2], qui déjà n'est autre

---

[1]. « Il ne faut pas s'étonner, dit l'auteur de *la Fameuse Comédienne*, 1688, in-12, p. 6, qu'elle ait été si sçavante en galanterie, puisque son éducation y avoit beaucoup contribué. »

[2]. On sait que plusieurs vers de cette comédie héroïque furent intercalés par Molière dans *le Misanthrope*. Elle avait mal réussi, et Molière y avait réussi moins encore : « Il est si grand comédien, dit Orphise dans *la Vengeance du Marquis*, qu'il a été contraint de donner le rôle du *prince jaloux* à un autre, parce qu'on

que Molière lui-même, avait été l'interprète de ses craintes. *L'hymen*, avait-il dit[1] :

*L'hymen ne peut nous joindre, et j'abhorre des nœuds
Qui deviendraient sans doute un enfer pour tous deux.*

Un an après cependant, en 1662, au moment même où il achevait *l'École des femmes*, expression encore plus complète de ses pressentiments, il épousait Armande !

II

Le ménage n'eut guère qu'une année de bonheur à peu près tranquille, puis survinrent les dépits avec rapatriages, dont la scène de Valère et de Marianne, faite à ce moment, réflète les alternatives. Les réelles infortunes ne se firent pas attendre ensuite. Armande, par ses mines, œillades provocantes, « airs nonchalants[2], » ne prit que trop de gens,

ne pouvoit le souffrir dans cette comédie, qu'il devoit mieux jouer que les autres, car il en est l'auteur. »

1. Acte I, scène 1.
2. C'est l'expression employée dans *la Fameuse Comédienne*, pour désigner l'une des mines favorites de la Molière.

qu'elle n'écouta que trop, et comme c'étaient de ces grands braillards qui le matin encombraient les antichambres de la cour et le soir les bancs du théâtre, partout pérorant sur leurs bonnes fortunes, Molière apprit bien vite que désormais le sort de son Sganarelle était devenu sa propre destinée, et que Scarron avait prédit juste lorsqu'en 1660, sur le point de mourir, il avait dit, dans son *Testament burlesque,* je lègue :

A Molière le cocuage.

Ce fut une bien cruelle douleur pour cet homme de souffrir dans sa trop sérieuse réalité ce qu'il avait tant de fois tourné en raillerie, et de trouver pour soi-même, dans ce thème comique si bien exploité par lui pour les rires de la foule, un sujet de larmes véritables. Si je vous dis qu'il pleura, c'est que lui-même ne s'en est pas caché. Un billet qu'il écrivit à La Mothe le Vayer nous révèle ce que ses plus sérieuses comédies ne laissaient pas soupçonner elles-mêmes : le plaisir qu'il trouvait dans les larmes en se disant comme Ovide, *est quædam flere voluptas.*

C'était en 1664; La Mothe le Vayer venait de perdre son fils, qui avait été l'un des meilleurs amis de Molière, et celui-ci s'empressa de lui adresser, avec un fort beau sonnet, la lettre que voici, retrouvée par M. Monmerqué dans les manuscrits de Conrart, à l'Arsenal : « Vous voyez bien, monsieur, que je m'écarte fort du chemin qu'on suit d'ordinaire en pareille rencontre, et que le sonnet que je vous envoie n'est rien moins qu'une consolation. Mais j'ai cru qu'il falloit en user de la sorte avec vous, et que c'est consoler un philosophe que de lui justifier ses larmes et de mettre sa douleur en liberté. Si je n'ai pas trouvé d'assez fortes raisons pour affranchir votre tendresse des sévères leçons de la philosophie, et pour vous obliger à pleurer sans contrainte, il en faut accuser le peu d'éloquence d'un homme qui ne sauroit persuader ce qu'il sait si bien faire. »

En 1664, lorsqu'il parlait ainsi de la consolation par les larmes, l'occasion d'en répandre était déjà venue pour lui. C'est cette année-là que commencèrent ses chagrins de ménage; il pardonna d'abord, se croyant le plus coupable parce qu'il s'était le plus emporté[1] ; mais son pardon, tombé sur un cœur ingrat, ne fut qu'un encouragement pour de nouvelles fautes. Il n'y eut plus alors de trêve à ses angoisses. L'absence eût pu les calmer, mais elle était impossible. S'il fuyait sa femme chez lui, il la retrouvait au théâtre, avec toutes ses séductions, avec tout l'art charmant qu'elle apportait dans l'interprétation de ses œuvres, et il était ainsi repris, quoi qu'il pût faire, par l'esprit et par le cœur. Sa passion avait tant de violence et le rendait si faible qu'il avait été heureux que les nécessités de leur métier apportassent ces obstacles à leur séparation. Il ne voulut même pas habiter une autre demeure que la maison commune. C'est ainsi que nous voyons Alceste loger aussi dans la maison de Célimène. Tout ce que Molière put faire fut d'avoir une chambre séparée à un autre étage que sa femme. Elle avait gardé le premier, où, comme Célimène encore, elle recevait beaucoup de monde, fastueusement[2], avec grand

---

1. Il faut lire, dans *la Fameuse Comédienne*, p. 17, 20, le récit de deux de ces brouilles orageuses où Molière s'obligeait au pardon, en se donnant le tort de l'emportement.

2. « Elle aimoit extrêmement la dépense, » lit-on

fracas de rire et de gaieté, tandis que lui, réfugié plus haut dans son cabinet, cherchant, pour son noir chagrin, le coin sombre d'Alceste, il tâchait de s'échapper à lui-même par le travail, la lecture ou la conversation de ses amis. Il n'y parvenait pas, sa peine le suivait toujours. Chacune de ses œuvres nouvelles en apportait un écho; et, s'il était avec ses amis, sa tristesse était telle qu'ils le provoquaient toujours à quelque confidence où son cœur pût se soulager en s'épanchant.

Un jour qu'il était à sa maison d'Auteuil, Chapelle le surprit en cet état d'esprit; il le fit parler, et leur entretien, répété à l'auteur de *la Fameuse Comédienne*[1], est devenu la page la plus curieuse et la plus authentique en même temps de ce livre, d'ailleurs suspect.

Molière ouvre là tout son cœur :

« Je suis né, dit-il à son ami, avec la dernière disposition à la tendresse, et comme tous mes efforts n'ont pu vaincre les penchants que j'avois à l'amour, j'ai cherché à me rendre heureux; c'est-à-dire autant qu'on peut l'être

dans *la Fameuse Comédienne*, p. 12. Nous verrons, dans le chapitre sur la *fortune de Molière*, quel était le luxe de leur appartement.

1. P. 22 et suiv.

avec un cœur sensible. J'étois persuadé qu'il y avoit fort peu de femmes qui méritassent un attachement sincère ; que l'intérêt, l'ambition, la vanité, font le nœud de toutes leurs intrigues. J'ai voulu que l'innocence de mon choix me répondît de mon bonheur ; j'ai pris ma femme pour ainsi dire dès le berceau ; je me suis mis en tête que je pourrois lui inspirer par habitude des sentiments que le temps ne pourroit détruire, et je n'ai rien oublié pour y parvenir... Le mariage ne ralentit point mes empressements ; mais je lui trouvai dans la suite tant d'indifférence que je commençai à m'apercevoir que toutes mes précautions avoient été inutiles, et que ce qu'elle sentoit pour moi étoit bien éloigné de ce que j'aurois souhaité pour être heureux. Je me fis à moi-même des reproches sur une délicatesse qui me sembloit ridicule, et j'attribuai à son humeur ce qui étoit un effet de son peu de tendresse pour moi. Je n'eus que trop de moyens de me convaincre de mon erreur.....
Je pris dès lors la résolution de vivre avec elle comme un honnête homme qui a une femme coquette, et qui en est bien persuadé, quoiqu'il puisse dire que sa méchante conduite ne doive contribuer à lui ôter sa réputation.....

Sa présence me fit oublier toutes mes résolutions, et les premières paroles qu'elle me dit pour sa défense me laissèrent si convaincu que mes soupçons étoient mal fondés que je lui demandai pardon d'avoir été si crédule. Mes bontés ne l'ont point changée. Je me suis donc déterminé à vivre avec elle comme si elle n'étoit pas ma femme; mais si vous saviez ce que je souffre, vous auriez pitié de moi. Ma passion est venue à un tel point qu'elle va jusqu'à entrer avec compassion dans ses intérêts; et quand je considère combien il m'est impossible de vaincre ce que je sens pour elle, je me dis en même temps qu'elle a peut-être la même difficulté à détruire le penchant qu'elle a d'être coquette, et je me trouve plus de disposition à la plaindre qu'à la blâmer. Vous me direz sans doute qu'il faut être poëte pour aimer de cette manière; mais pour moi, je crois qu'il n'y a qu'une sorte d'amour, et que les gens qui n'ont point senti de semblables délicatesses n'ont jamais aimé véritablement. Toutes les choses du monde ont du rapport avec elle dans mon cœur; mon idée en est si fort occupée que je ne sais rien en son absence qui me puisse divertir. Quand je la vois, une émotion et des transports qu'on peut sentir, mais qu'on ne sauroit exprimer; m'ôtent l'usage de la réflexion; je n'ai plus d'yeux pour ses défauts; il m'en reste seulement pour ce qu'elle a d'aimable. N'est-ce pas là le dernier point de la folie, et n'admirez-vous pas que tout ce que j'ai de raison ne serve qu'à me faire connoître ma faiblesse, sans en pouvoir triompher? »

Ne vous semble-t-il pas que vous venez d'entendre parler Molière lui-même. Quant à moi, mon avis sur ce précieux débris de conversation, c'est qu'il n'y faut pas voir autre chose que le fragment d'une lettre écrite par Molière à Chapelle, du temps de ses chagrins, communiquée par celui-ci à l'auteur de *la Fameuse Comédienne*, qui, suivant un procédé déjà connu alors, aura cru bon d'en faire une scène pour la rendre plus intéressante.

Quand on se voit et se parle chaque jour, quand l'un des deux cœurs demande sans cesse à se rapprocher de l'autre, la séparation n'est point réelle; il ne faut que le hasard d'un sourire ou d'un mot pour amener une réconciliation. C'est ce qui arriva entre Molière et sa femme, et sans doute plus d'une fois. Réconciliés pour un mot, pour un mot on se brouillait encore; et le *chant amœbée*, reprenant son jeu à travers le ménage, reparaissait aussi comme réminiscence dans les pièces du poëte, chez qui l'homme ne s'oubliait jamais. Si Molière mit dans *le Bourgeois gentilhomme* cette scène de Lucile et de Cléonte, dont j'ai déjà parlé ; si, dans *les Amants magnifiques*, il glissa aussi cette charmante traduction de l'Ode d'Horace : *Donec gratus eram*, qu'on y oublie trop, c'est qu'au moment où il écrivait ces œuvres de son âge plus mûr, il était, comme au temps des œuvres de sa jeunesse, sous l'impression constante de ces scènes de dépit, de brouille et de réconciliation qu'amant il avait trop connues, que mari il était forcé de connaître encore.

Sur la fin de sa vie, pendant le temps qui s'écoula depuis la *Psyché*, faite en collaboration avec Corneille, jusqu'au *Malade imaginaire*, il semble pourtant avoir eu plus de tranquillité. L'accord était revenu dans le ménage. Un jour, du temps que Molière faisait *les Femmes savantes*, Boileau, l'étant venu voir, le trouva qui sortait pour s'aller promener, comme un bon bourgeois, avec sa femme[1].

1. *Correspondance entre Boileau et Brossette*; édition Laverdet, page 515.

C'est vers ce temps-là qu'il fut père pour la troisième fois; la naissance d'un second fils, que malheureusement il ne devait pas non plus conserver, le consola de la mort de son aîné, qu'il avait perdu on ne sait pas au juste à quelle date, mais sans doute à l'époque de la *Psyché*, où les plaintes qu'il prête au père, regrettant son enfant, indiquent chez Molière une disposition d'esprit semblable. Il en est ainsi avec lui. Si un fait de sa vie échappe, on peut, en cherchant bien, le retrouver dans ses œuvres. Par ses œuvres, on connaît son cœur; par son cœur, on connaît sa vie. Ce premier fils devait avoir huit ans à peu près, quand il était mort; c'est assez pour qu'on ait eu le temps de mettre tout son espoir dans un enfant, surtout lorsque, comme Molière, on est contraint de ne demander au ménage d'autres joies que celles de la paternité; surtout lorsque sachant trop bien que la femme infidèle à son devoir d'épouse, ne devra pas en bien remplir d'autres, le père se fait un bonheur d'être, à lui seul, toute une famille pour son enfant. Molière pleura donc bien son premier né, j'en ai pour preuve les larmes qu'il fait répandre au père de *Psyché*[1], dans une des

---

1. Acte II, scène 1.

trop rares scènes de cet ouvrage qui soient de lui. Son cœur se l'était gardée. *En lui,* dit le père, parlant de son enfant perdu :

En lui j'ai renfermé par des soins assidus
Tous les plus beaux trésors que fournit la sagesse;
A lui, j'ai de mon âme attaché la tendresse;
J'en ai fait de ce cœur le charme et l'allégresse,
La consolation de mes sens abattus,
 Le doux espoir de ma vieillesse.
 Ils m'ôtent tout cela ces Dieux,
Et tu veux que je n'aie aucun sujet de plainte
Sur cet affreux arrêt, dont je souffre l'atteinte !
Ah ! leur pouvoir se joue avec trop de rigueur
 Des tendresses de notre cœur,
Pour m'ôter leur présent, me fallait-il attendre
 Que j'en eusse fait tout mon bien?
Ou plutôt, s'ils avaient dessein de le reprendre,
N'eût-il pas été mieux de ne me donner rien?

 Je doute qu'Armande partageât ces douleurs si délicates et si vives. Quand on n'aime pas sa maison, l'on n'a qu'une faible affection pour ses enfants, et s'ils meurent, on ne sait pas les pleurer. La naissance d'un second fils, les soins qu'elle devait à sa fille, seule enfant qui survécut à Molière, ne l'attachèrent pas beaucoup plus à ses devoirs. En 1672, peu de temps avant la mort du grand homme, la discorde s'était de nouveau mise entre lui et sa femme. Il était remonté à son second étage, et il y serait mort dans l'isolement sans aucun soin de celle qu'il avait tant aimée, si une nouvelle réconciliation ne les eût encore une fois rapprochés. Un simple détail de rôle qui flatta chez Armande la coquetterie de la comédienne avec la vanité de la chanteuse lui fit accepter de jouer dans *le Malade imaginaire;* quelques conseils de Chapelle et du marquis de Jonsac, autre ami de Molière, amenèrent ce dernier accord. Voici comment les choses se passèrent, d'après l'auteur de *la Fameuse Comédienne* : « Molière venoit d'achever son *Malade*. Dans l'intention d'offrir à sa femme le rôle d'Angélique et sachant combien la douceur de sa voix ajouteroit à l'expression des sentiments naturels, il avoit su rendre ce rôle assez aimable pour faire applaudir d'un bout à l'autre l'actrice qu'il en chargeroit. Jonsac fit sentir à la Molière le prix d'un pareil soin de la part d'un mari maltraité. Peut-être ce motif la toucha-t-il faiblement, mais l'espérance de plaire dans un rôle écrit pour elle la décida. Le rapprochement eut lieu dans la soirée même, et le succès d'Angélique donna pour un moment un air de tendresse à la vanité satisfaite ».

Peu de jours après, Molière mourut, ayant au moins, grâce à ce rapprochement suprême, la consolation qu'aucune amertume ne se mêlait à son dernier adieu.

III

Pour avoir tout entière l'histoire de son cœur, il ne faut pas parler que de ce seul amour de Molière. Il en eut d'autres qui furent la comédie de sa vie, comme celui-là en fut pour ainsi dire le drame. Ils le préparèrent; ils en égayèrent les péripéties; ils complétèrent pour le poëte cette science du cœur dont il ne voulait rien ignorer, dût son bonheur en payer les frais. Il ne faut donc pas les oublier: c'est la petite pièce avant et pendant la grande; c'est le chapitre moins sérieux d'un livre qui sans cela l'eût été trop; c'est l'éveil constant du comique à côté de la passion qui se désespère; c'est pour cet homme, si triste et si gai à la fois, comme un second visage; je ne dis pas un masque, car si la comédie antique en avait un, celle qu'il créa n'en eut point.

La fatalité du premier amour qu'on lui connaisse l'avait jeté tout à la fois dans la carrière où il ramassa la gloire, et dans cette autre passion où il rencontra le malheur.

IV

Dans les premières années du règne de Louis XIV, une troupe de jeunes gens s'était, depuis quelque temps déjà, formée en compagnie dramatique sous le titre présomptueux d'*Illustre théâtre*. Les Béjard, du quartier Saint-Paul [1], famille de basse robe, qui visait à la noblesse [2], et qui ne semblait pas, à première vue, prédestinée au comique, du moins pour le jouer, s'étaient enrôlés dans cette troupe après quelques années d'apprentissage

---

1. Tous les enfants de Joseph Béjard et de Marie Hervé, sa femme, naquirent dans ce quartier, soit sur la paroisse Saint-Paul, soit sur celle de Saint-Gervais.
2. Voyez : *Descente généalogique d'Étienne Porcher, habitant de Joigny, etc.* 1650, in-8°, pages 14, 89, 122, 134, 135, 141 et l'excellent livre de M. Joannis Guigard, *Biblioth. Héraldique*, éd. Dentu, 1861, in-8°, p. 406, n° 4434.

dramatique dans les provinces du Midi, où nous irons les chercher tout à l'heure.

La famille presque entière était du métier. Je n'affirmerais pas que le père s'en fût mis, car c'eût été trop déroger à ses fonctions d'huissier ordinaire du roi ès-eaux et forêts de France; mais il est probable que la mère en était, et il est sûr que les deux frères et les deux sœurs s'y faisaient distinguer, bien que Jacques, l'aîné, fût légèrement bègue [1], Louis un peu boiteux [2], Geneviève assez sotte et Madeleine un peu rousse [3]. Elle était l'aînée [4], et à cause de cela, en même temps que pour son talent supérieur à celui des autres, elle avait eu la direction de la troupe nomade. Elle était galante aussi fine que comédienne adroite. Poquelin, qui devait avoir vingt-deux ans quand il la connut, se laissa bientôt prendre à ses mines. Sans regarder qu'elle

---

1. *Élomire hypocondre*, 1670, in-8°; acte II, sc. II.
2. *Ibid.*
3. *Ibid.*
4. Elle était née le 8 janvier 1618. Louis Béjard, le boiteux, avait douze ans de moins qu'elle, aussi ne dut-il faire vraiment partie de la troupe qu'à son retour à Paris, en 1644. Encore n'y pouvait-il jouer que les rôles de tout jeunes amoureux.

était de quatre ans son aînée [1], il l'aima, et l'union fut faite. Il y entrait, il faut le dire, autre chose encore qu'une affaire de sentiment et qu'un intérêt de cœur. Nous allons expliquer comment.

A la fin de 1639, il avait quitté le collége des jésuites, et trois ans environ après, c'est-à-dire vers la fin de 1642, il était sorti des écoles, de celles d'Orléans, où son père, « moyennant sa pécune [2], » l'avait fait « endoctorer, » et de celle de Sorbonne [3], où le bonhomme avait voulu qu'il terminât son droit par l'étude du *canonique*. Tout en se préparant ainsi au métier d'avocat [4], Poquelin n'avait en tête que l'idée d'un métier bien différent. Il rêvait de comédies à faire et de troupe de comédiens à former. On le voyait en Sorbonne moins souvent qu'à l'hôtel de Bourgogne, et son stage le plus assidu n'était pas au Palais, mais devant les tréteaux de l'Orvié-

1. Il était né, comme on sait, en 1622.
2. *Élomire hypocondre*, loc. cit.
3. Tallemant (Édit. P.-Paris; t. VII, p. 177) dit positivement que Molière étudia en Sorbonne. Il devait le savoir puisqu'à la même époque, vers 1639, il y étudiait aussi (*Ibid.*, t. VIII, p. 22).
4. Il ne faut pas douter qu'il prit tous ses grades pour l'être.

tan. Il y était spectateur si empressé, et si familier aussi avec les gens de la troupe, que plus tard on put dire qu'il avait joué des farces chez cet opérateur [1]. Lorsqu'il eut vingt et un ans, et qu'il se sentit en poche la petite fortune [2] qui lui venait de sa mère, morte en 1632, il n'y tint plus. Il lui fallait un théâtre, et il se chercha des acteurs. Son père mit tout en œuvre pour le détourner de cette résolution. « Il le fit solliciter, dit Perrault [3], par tout ce qu'il avoit d'amis, promettant, s'il vouloit revenir chez lui, de lui acheter une charge telle qu'il la souhaiteroit, pourvu qu'elle n'excédât pas ses forces [4]. » Rien n'y fit. Poquelin n'avait plus d'obéis-

1. *Élomire hypocondre*, loc. cit.
2. De Visé, parlant des premiers pas de Molière, dit : « Qu'il avoit assez de bien pour se passer de cette occupation et pour vivre honorablement dans le monde. » *Nouvelles nouvelles*; 3ᵉ partie, p. 217.
3. *Hommes illustres.* 1673, in-fol., p. 79.
4. Il paraîtrait que le père Poquelin n'avait pas toujours été d'humeur aussi accommodante, et qu'il avait obligé son fils à travailler pendant six mois de son métier dans sa boutique. C'est pour s'en retirer que Molière aurait manifesté l'intention d'être avocat, ce qui n'était encore qu'une feinte. (V. *Les Entretiens des Ombres.* 1724, in-12, p. 125.)

sance que pour sa vocation. L'état qu'elle lui ouvrait lui semblait le seul qu'il fût capable de bien tenir, et il trouvait d'ailleurs que c'était le plus beau, le plus noble du monde.

Le roi, par une récente ordonnance, enregistrée au parlement le 16 avril 1641, n'avait-il pas relevé le métier de comédien du mépris où le reléguait le commun préjugé, et n'avait-il pas notamment déclaré qu'il ne pouvait plus être « imputé à blâme ? » Je répondrais que cet édit de 1641, la seule chose peut-être qu'il eût hautement appréciée dans l'étude qu'il fit des lois, eut quelque part dans la résolution qu'il prit l'année suivante. C'était une arme contre le préjugé dont son père soutenait son mauvais vouloir à l'endroit du théâtre, et vis-à-vis de lui-même il pouvait s'en faire aussi une sorte de justification de sa désobéissance. Il lui était désormais permis, en effet, de déclarer, en vertu d'une ordonnance royale, qu'on ne dérogeait pas en se mettant au théâtre, et que, pour lui, par exemple, l'emploi de comédien pouvait fort bien se concilier avec la charge de tapissier du roi, dont il avait la survivance.

L'influence de l'édit de 1641 fut sans doute aussi pour quelque chose dans l'assentiment que donnèrent à ses idées de théâtre « plusieurs enfants de famille, qui, par son exemple, dit le comédien Marcel [1], son premier biographe, s'engagèrent comme lui dans le parti de la comédie. » Poquelin eut ainsi une troupe, et comme, par la qualité de ceux dont il l'avait formée, elle se distinguait de la plupart des autres, composées de gens d'assez basse espèce, il crut, pour lui conserver son rang par un titre à l'avenant, pouvoir lui donner celui d'*Illustre théâtre*. Le mérite des acteurs ne répondait pas malheureusement à leur qualité. Tant qu'ils jouèrent gratis [2], et sans doute aux dépens de la petite fortune de Poquelin [3],

1. C'est lui qui rédigea la préface biographique si longtemps attribuée à La Grange et à Vinot, parce qu'elle se trouve en tête de l'édition des *Œuvres de Molière*, qu'ils donnèrent en 1682. Dans la *Vie de Molière*, qui précède l'édition de la Haye (1725, in-12), cette préface est positivement attribuée à Marcel. La biographie dont nous parlons, qui contient beaucoup de faits ignorés par Grimarest, est de Bruzen de la Martinière. (*Mémoires de Bruys*, tome I, page 153.)

2. Grimarest dit positivement qu'ils ne jouèrent d'abord que pour leur plaisir.

3. On ne peut pas douter que Molière ne fournît autant qu'il put aux dépenses de cette première troupe.

on les toléra; mais lorsqu'ils prétendirent à des recettes, ce fut autre chose. Le petit théâtre des fossés de Nesle eut alors de fâcheuses journées. On y avait applaudi pour rien, on y siffla pour de l'argent. Après cette épreuve, et sans doute après plusieurs autres non moins douloureuses, car je suppose que si son amour-propre pâtit des déboires du comédien, sa bourse souffrit de même des mésaventures du directeur, et que cette première entreprise n'alla pas pour lui sans de grosses dettes, peut-être même sans quelques poursuites, Poquelin ne douta plus qu'il n'était pas facile de faire un théâtre avec des gens de distinction, et qu'il fallait toujours, pour avoir « une troupe d'élite[1], » en revenir aux personnes du métier. C'est alors, environ dans les premiers mois de 1644, que la Béjard et les siens lui arrivèrent heureusement en aide.

Les deux petites compagnies dramatiques, celle que ramenait la Béjard et celle que Molière avait formée avec tant de peine et si

---

Je m'estonne, lui fait dire Chalussay, dans *Élomire* (Acte IV, scène II) :

> Que mon petit goussel avec mes petits soins
> Ayent pu si longtemps suffire à nos besoins.

1. *Élomire*, loc. cit.

peu de succès, se mêlèrent et composèrent ainsi un ensemble assez recommandable pour que Tallemant des Réaux pût dire que Paris avait alors, en outre des comédiens de l'Hôtel et des comédiens du Marais, un nouveau théâtre, « une troisième troupe[1]. » Le nom d'*Illustre théâtre* lui fut conservé. Les Béjard, en effet, se prétendaient d'assez bonne maison pour ne pas faire tache parmi les jeunes gens de distinction qui lui avaient fait donner ce titre. N'étaient-il pas d'une famille de robe, et un livre de généalogie[2] ne devait-il pas prouver bientôt qu'ils descendaient du sergent-d'armes de Charles V? Molière resta chef de la troupe, de moitié avec la Béjard, dont les intérêts ne se séparèrent plus des siens, et afin que leur commune entreprise eût sur un terrain nouveau l'espoir d'une fortune différente, ils se hâtèrent de changer de quartier. Du jeu de paume des fossés de Nesle, qui leur avait été si peu favorable, ils émigrèrent dans un autre des environs du port Saint-Paul, vers la rue des Jardins[3], où

---

1. *Historiettes*; édit. P.-Paris, t. VII, p. 177.

2. C'est le livre sur la *généalogie* de Porcher, cité tout à l'heure.

3. Une note de Beffara (t. III de ses *mss.*) nous ap-

les Béjard, nés et élevés tous dans ces parages[1], croyaient pouvoir compter sur des amis. La fortune pourtant ne semble pas leur avoir été beaucoup plus favorable de ce côté, car, très-peu de temps après, nous ne les y trouvons plus. Lassés de ne jouer que pour les bateliers du port Saint-Paul [2] et les postillons de l'hôtel de Sens [3], ils sont retournés au faubourg Saint-Germain, et ils y donnent des représentations dans le jeu de paume de la *Croix-Blanche* [4]. Eurent-ils là des journées moins rudes ? Trouvèrent-ils des spectateurs plus intelligents et mieux disposés ? C'est probable. Leur séjour plus long me fait croire à

prend que la Béjard logeait dans cette rue à l'époque dont nous parlons. Elle fut fidèle à ce quartier. Lorsqu'elle fut morte, pour satisfaire à l'une des prescriptions de son testament, on l'apporta, de la place du Palais-Royal, où elle logeait alors, au cimetière Saint-Paul, où elle fut enterrée avec une belle épitaphe (V. le *Recueil des Épitaphes*, mss. de la Bibliothèque impériale).

1. Voyez une des notes précédentes.
2. *Élomire hypocondre;* acte IV, scène II.
3. C'est là que descendaient les messagers de Lyon. (Voy. *Œuvres de Fléchier*; t. X, p. 359, et Palaprat, t. II, p. 302.)
4. Il était au carrefour Buci et par conséquent tout près de la foire Saint-Germain.

leur fortune meilleure. Tristan l'Hermite, un des hommes en renom dans le théâtre de ce temps-là, qui devait être favorable aux efforts de Molière et de son associée, car son frère, l'Hermite de Vauzelles[1], était de leur troupe en qualité d'acteur et d'auteur, et la femme de son autre frère, l'Hermite de Souliers, était parente de la Béjard[2]; Tristan fit jouer, à la fin de 1644, une tragédie de la *Mort de Sénèque*, où celle-ci semble avoir eu son plus beau succès. L'avait-il composée pour l'*Illustre théâtre*? Je ne saurais en répondre; mais toujours est-il que la pièce dont Molière pouvait donner des représentations en concurrence avec le théâtre pour lequel elle avait pu être écrite, jusqu'à l'époque de son impression, qui n'eut lieu que l'année suivante, fut jouée certainement par les acteurs du jeu de paume de la *Croix-Blanche*. Tallemant, parlant de la Béjard, dit positivement: « Son chef-d'œuvre, c'estoit le rôle

1. C'est à lui qu'on doit les curieuses notes du *Page disgracié*, roman de son frère, qui est toute une autobiographie.
2. Elle s'appelait Marie Courtin de la Dehors et était, par les Porcher, parente de la Béjard (*Descente généalogique, etc.*; p. 8).

d'Epicharis, à qui Néron venoit de faire donner la question. » Or, je ne vois pas d'autre pièce que celle de Tristan à laquelle cette mention puisse convenir. Ce fut une bonne fortune pour le petit théâtre ; dès lors il eut vraiment son rang ; on ne craignit plus de dire qu'on en faisait partie et qu'on y donnait des pièces. L'année suivante, Jean Magnon y fait représenter sa tragi-comédie d'*Artaxerce*, la plus supportable de celles qu'il a faites, peut-être parce que Molière, moins auteur et moins comédien alors que donneur d'avis sur le jeu des acteurs et le mérite des pièces[1], aura bien voulu y mettre la main. Quoi qu'il en soit, par reconnaissance pour les bons conseils de Molière ou par condescendance pour une troupe dont il eût été désormais injuste de faire fi, Magnon voulut bien mentionner au frontispice de sa pièce le théâtre qui l'avait jouée. Il y fit généreusement imprimer : *Représentée sur l'Illustre théâtre*. Cette bonne fortune, qu'il faut estimer à sa vraie valeur pour les comédiens de la Croix-Blanche, dont l'histoire,

---

1. Tallemant (t. VII, p. 177) dit qu'avant de se mettre de la troupe Molière se contentait d'en être le conseiller.

sans cette mention, manquerait de preuve contemporaine, fut suivie d'une autre l'an d'après.

Dans les derniers mois de 1646, le duc de Guise, prêt à partir pour Rome, où l'appelait l'affaire de son divorce avec la comtesse de Bossut, avait, soit par fantaisie, soit par pressentiment qu'il ne reviendrait pas de longtemps, mis tous ses meubles en vente [1] et fait une libérale distribution de ses habits « aux comédiens de toutes les troupes. »

L'*Illustre théâtre* ne fut pas oublié, grand honneur pour lui, puisqu'il semblait être ainsi posé, dans les faveurs de l'un des seigneurs les plus puissants et les plus éclairés, sur le même pied que les matamores de l'hôtel de Bourgogne et les orgueilleux du Marais. Des strophes, faites par un comédien qui n'avait pas eu la même fortune, et publiées presque aussitôt dans un *Recueil* du libraire Toussaint Du Bray [2], ne laissent aucun doute sur la part accordée dans ce magnifique présent de M. de Guise à la Béjard, à Charles Beys, l'auteur-acteur, qui, peu de jours après, eut sans doute engagé et bu son lot dans ce bu-

---

1. *Journal* d'Olivier d'Ormesson ; t. I, p. 369.
2. Elles se trouvent aussi dans *l'Eslite des bons vers*, etc. Cardin-Besongne, 1653 ; 2ᵉ partie, p. 15.

tin [1], et aussi à Molière, qui, pour la première fois, nous apparaît baptisé en toutes lettres de ce nom qu'il doit rendre si grand [2].

Ce fut le dernier bonheur de l'*Illustre théâtre*. Il couvrait même sous ce qu'il avait de favorable un des coups dont la fortune de la troupe à Paris devait le plus souffrir, en même temps que l'une des idées caressées par la Béjard en serait le plus cruellement atteinte.

V

Je dois entrer ici dans le détail de certaines aventures qui, par ce qu'elles sont, et par les conjectures sans preuves bien certaines sur lesquelles reposera le récit que j'en dois faire, appartiennent moins à l'histoire qu'au ro-

---

1. Beys était, en effet, un terrible buveur (V. Loret, *Muze historique*, 4 octobre 1659).

2. On n'a jamais su pourquoi il s'appela ainsi. Ayant toutefois découvert qu'il existait un petit bien nommé *Molière* ou *la Molière*, dans la famille des Lafosse, alliée de près aux Poquelin, nous tâcherons d'établir dans notre travail définitif que le nom du grand homme peut venir de là.

man, mais qui, par cela même, justifieront d'autant mieux le titre donné à ce chapitre.

Il m'y faudra surtout parler de la Béjard en remontant assez haut dans sa vie.

En 1638, à vingt ans, et déjà sans doute au théâtre, elle s'était par sa beauté et son humeur galante attiré les hommages d'un gentilhomme du Comtat, M. le baron de Modène, chambellan du frère du roi; et digne déjà, par ce qu'on savait de son esprit et de ses mœurs, du jugement que l'abbé Arnauld devait plus tard porter de lui : « Homme de mérite assurément, dit-il[1], s'il n'eût pas corrompu par ses débauches les belles qualités de son esprit. » La Béjard le fixa longtemps. Il était veuf[2], elle était libre; il avait un beau nom, mais elle aussi se prétendait noble, et partant, quoiqu'elle fût comédienne, elle pouvait espérer devenir sa femme.

Tout prouva que si les événements ne l'eussent traversée, cette espérance pouvait n'être pas une chimère. L'année dont je parle, le 3 juillet, une fille qui fut nommée

1. *Mém.* de l'abbé Arnauld (Coll. Petitot, 2e série, t. XXXIV, p. 259).

2. Sa première femme, veuve du marquis de Lavardin, était morte vers 1631.

Françoise naquit de cet amour. M. de Modène la reconnut, et qui plus est, lui donna pour parrain son fils Gaston, alors âgé de sept ans, qui fut représenté au baptême par l'auteur-comédien l'Hermite de Vauzelles, dont nous avons déjà parlé. Un tel acte promettait beaucoup, la Béjard était même en droit d'en tout espérer. L'année suivante, M. de Modène ne semble pas avoir changé d'amour; nous le trouvons toujours dans le monde assez mêlé dont la Béjard est l'âme et la main.

L'Hermite de Vauzelles, celui même qui a remplacé au baptême le fils du baron, vient de faire une tragédie; il la publie, et c'est à M. de Modène qu'il en adresse la dédicace. On y apprend, par quelques phrases flatteuses, que le baron ne se contentait pas de protéger les comédiens, et de plus près les comédiennes, mais qu'il se donnait aussi le plaisir d'inspirer aux auteurs le sujet de leurs pièces : « Il est bien juste, lui dit Vauzelles dans sa dédicace, que je vous offre cette tragédie, et que vous me fassiez l'honneur de la protéger, puisqu'elle est presque autant à vous d'origine que d'adoption, et que je vous suis redevable de la plus grande part de ses beautez. » Le titre était *la Chute de Phaéton*;

à l'époque où parut la pièce il ne manquait pas de signification. Dans un parti dont le frère du roi, Gaston d'Orléans, était le chef, et dans lequel M. de Modène était naturellement entré, l'on rêvait assez haut la chute de Richelieu, le Phaéton du ministère, et l'on mettait tout en œuvre pour la précipiter.

On sait ce qui arriva. Ceux qui rêvaient cette grande chute furent les seuls qui tombèrent. En 1640, M. de Modène était en plein dans le complot. Il le menait de front, mais à bas bruit, avec le scandale de ses amours, dont il ne cachait pas l'éclat. C'était une manière de faire encore de l'opposition au ministre. Les mésalliances étaient nombreuses alors ; on parlait de tous côtés de mariages clandestins ; Richelieu s'en indignait, et cette indignation n'était qu'un encouragement pour les idées d'unions scandaleuses chez les galants du parti contraire. Cela fut poussé si loin qu'une loi parut nécessaire contre les mariages secrets. Elle fut lancée le 26 novembre 1639, et enregistrée un an plus tard.

Cinq-Mars, contre qui cette loi avait surtout été faite [1], avait, disait-on, épousé se-

---

1. Dreux du Radier, *Récréat. historiq.* ; t. I, p. 71.

crètement Marion Delorme. M. de Modène avait-il fait de même? La Béjard était-elle aussi devenue clandestinement sa femme? On l'a dit bien des fois [1], mais je ne le crois pas. Nous lui verrons, en effet, épouser, du vivant même de la Béjard, mademoiselle de l'Hermite. Or, bien que la bigamie fût assez dans les habitudes du temps et nous semble assez conciliable avec les mœurs lâchées de M. de Modène; bien que de cette façon il serait plus au complet ce type de don Juan que Molière dut étudier surtout en lui, nous répugnons à penser qu'il ait jusque-là poussé le désordre.

Ma grande raison pour croire qu'il n'épousa pas la Béjard, c'est qu'à partir de l'époque, où nous l'avons vu reconnaître sa fille Françoise sans être l'époux de la mère, il n'eut guère le loisir de se marier. Le grand complot contre Richelieu ne lui laissait pas de temps, même pour ses amours. Le moment vint où il dut les quitter. La conspiration était mûre; il se devait tout à elle. En 1640, il a quitté Paris avec M. le duc de Guise, dont il com-

---

[1]. V. notamment Pithon Court, *Histoire de la Noblesse du Comtat Venaissin*.

mence à suivre la fortune, et il est dans les Ardennes un des plus chauds de l'armée rebelle, commandée par le comte de Soissons.

En juillet 1641, il se trouve à cette mystérieuse affaire de la Marfée, près de Sedan, où M. de Soissons fut mortellement frappé on ne sait par quelle main, au milieu d'une victoire dont sa mort fit une défaite; et lui-même il y tombe grièvement blessé d'un coup de pistolet[1]. Il peut s'échapper cependant, il gagne la frontière avec M. le duc de Guise, et, retirés tous deux à Bruxelles, ils attendent la mort du ministre pour revenir en France.

Modène savait ce qui lui était réservé s'il reparaissait plus tôt de l'autre côté de la frontière. Le 6 septembre 1641, un arrêt du Parlement l'avait condamné à mort, après minutieuse instruction, où il avait été prouvé, entre autres choses, qu'il s'était engagé à payer une très-forte somme à deux hommes enrôlés pour rendre au duc de Guise et aux princes le plus important service: il s'agissait d'assassiner le cardinal.

Que devenait cependant la Béjard? Il n'est pas douteux qu'après le scandale public de sa

---

1. *Mém.* de Montrésor; t. II, p. 366.

liaison avec M. de Modène, la police aux subtils espionnages de Richelieu ne l'ait inquiétée lorsque éclata le complot. Elle et les siens étaient des complices trop clairement désignés pour qu'on ne songeât point à s'assurer de leur personne. Ils décampèrent.

C'est alors que la famille Béjard dut quitter Paris, et commencer ses caravanes dans les provinces où elle pouvait espérer asile et protection. L'un et l'autre leur furent accordés à Bordeaux par le nouveau duc d'Espernon, qui venait de succéder à son père dans la charge de gouverneur de Guyenne. Il aimait le théâtre; la troupe qu'il avait à ses gages était la meilleure de la province, et il ne put que faire un favorable accueil à mademoiselle Béjard, dont la réputation de comédienne était déjà fort bien établie. L'idée de quitter la comédie lui était venue avec les pensées d'ambition que l'espoir d'épouser le baron lui avait fait caresser, et ses malheurs ne l'en avaient pas détournée. M. d'Espernon sut la ramener à son art. Pour prix du service qu'il lui rendait en la protégeant, en la sauvant peut-être, elle voulut bien reparaître sur la scène.

Ce service était grand, car plusieurs années après, l'auteur Magnon, avec qui nous avons tout à l'heure fait connaissance, ayant dédié à M. d'Espernon sa tragédie de *Josaphat*, il insista surtout dans sa dédicace sur la reconnaissance que lui devait la Béjard, et avec elle le Parnasse tout entier. « Cette protection et ce secours, monseigneur, dit-il, que vous avez donnés à la plus malheureuse et l'une des plus intéressantes comédiennes de France, n'est pas la moindre action de votre vie, et, si j'ose entrer dans vos sentiments, je veux croire que cette générosité ne vous déplaît pas. Tout le Parnasse vous en est redevable, et vous rend grâce par ma bouche. Vous avez tiré cette infortunée d'un précipice où son mérite l'avoit jetée, et vous avez remis sur le théâtre un des plus beaux personnages qu'il ait portés. Elle n'y est remontée, monseigneur, qu'avec cette belle espérance de jouer un jour dignement son rôle dans cette illustre pièce où, sous des noms empruntés, on va représenter une partie de votre vie[1]. »

La Béjard ne revint pas au théâtre sans re-

---

1. Ce passage avait déjà été plusieurs fois cité, mais toujours d'une façon incomplète et inexacte. C'est, par exemple à tort qu'on le disait tiré de la dédicace du *Séjanus*, de Magnon. C'est bien dans celle de son *Josaphat* qu'il se trouve.

tourner en même temps à la galanterie. Partout où elle joua, aussi bien à Bordeaux que dans les villes de provinces voisines où l'entraîna son art vagabond, si elle eut des succès nombreux, elle n'eut pas de moins nombreuses amours. « Elle faisoit, dit l'auteur de *la Fameuse Comédienne*[1], qu'il faut croire en tous ces points, la bonne fortune de quantité de jeunes gens du Languedoc. »

Un jour, dont la date certaine n'est pas connue, dans un lieu qu'on ne connaît pas davantage, et dont on ne peut même dire si c'était une ville ou un village, en Guyenne, en Languedoc ou en Provence[2], une fille fut présentée à baptiser sous les noms d'Armande-Gresinde-Claire-Élisabeth. Elle était née dans la famille Béjard. Qui en était la mère ? Vous ne doutez pas que c'est Madeleine. Ce que l'on sait de sa vie passée, de ses galanteries présentes, permet à ce sujet la certitude presque complète, d'autant que Geneviève, sa jeune sœur, qui n'est pas encore mariée, ne fait guère parler d'elle, et que leur

---

1. Page 6.
2. Petitot, à la page 6 de la *Vie de Molière*, qu'il a mise en tête de son édition, dit, je ne sais sur quelle preuve, qu'Armande fut élevée à Nîmes.

mère à toutes deux, dont le huitième et dernier enfant est né quatorze ans auparavant[1], n'est plus en âge d'en avoir d'autre.

C'est pourtant sous le nom de cette bonne femme que la nouvelle petite fille est déclarée. On lui donne pour mère celle qui, tout l'atteste, ne peut être vraisemblablement que son aïeule[2]. De pareilles substitutions n'étaient pas difficiles alors. Les registres des paroisses qui servaient pour l'état civil étaient partout fort négligemment tenus, surtout dans ces villages du Midi, dont l'un, comme je crois, dut voir naître Armande. Il fallait toutefois, pour de telles supercheries, un motif grave, et celui des Béjard l'était. Quand tout cela se passe-t-il, en effet ? Dans les premiers mois de 1644 environ[3].

1. Charlotte, dernier enfant de Marie Hervé, était née le 19 août 1629.

2. Quand Armande épousa Molière, on n'eut garde de nommer la vraie mère. On disait déjà trop qu'en épousant la fille de Madeleine, il épousait sa propre fille !

3. Dans l'acte de mort d'Armande, en date du 2 décembre 1700, on lui donne cinquante-cinq ans. Or, comme une si fameuse coquette a pu, même *in extremis*, se rajeunir d'un an, je ne crois pas faire une fausse supposition en disant qu'elle était née en 1644 et non en 1645.

Richelieu est mort, Louis XIII l'a suivi, un nouveau règne commence et les persécutés du précédent seront les puissants de celui-ci. Ils reviennent donc. M. de Modène, qui est à Bruxelles, rompt son ban d'exil en 1643[1]. Parti avec M. de Guise, il revient avec lui.

La Béjard le laissera-t-elle à Paris, sans y retourner elle-même ? Mais, d'un autre côté, étant sur le point de devenir mère, s'exposera-t-elle aux reproches que lui mériteraient ces nouvelles galanteries, cette infidélité coupable dont sa grossesse est l'indiscrétion, et hasardera-t-elle ainsi ce qui lui reste d'espoir pour épouser le père de sa première fille, et devenir baronne de Modène ? Ce serait insensé. Le retour à Paris est donc retardé jusqu'à ce que la faute commise puisse être dissimulée. Il y a là pour la famille entière, dont cette alliance avec les Modène a dû être le rêve, un intérêt de la plus haute importance. On s'y prête donc d'un commun accord. La mère Béjard, à la naissance de la première fille, voyant quel gage ce pouvait être pour le mariage espéré, n'a pas fait la sévère et la prude ; loin de là, en grand'mère

---

1. V. *Biographie générale* au mot MODÈNE.

complaisante, elle a été la marraine de l'enfant comme s'il eût été légitime [1]. Elle n'aura pas cette fois moins de complaisance, mais ce sera d'une façon différente. En 1638, elle aidait à la publicité, à la consécration d'une naissance utile ; en 1644, elle aidera bien mieux encore à dissimuler une naissance dangereuse. C'est elle qui sera déclarée mère dans l'acte du baptême ; Armande sera sa fille, et Madeleine, à qui il importe tant, lorsqu'elle reverra M. de Modène, de n'avoir à lui présenter qu'une enfant, leur petite Françoise, Madeleine n'aura qu'une sœur de plus. Ce n'est pas encore assez de cette combinaison. L'on peut flairer l'invraisemblance sous cette comédie de comédiens ; la vue de la petite fille peut faire naître des soupçons, et détruire ce qu'on a si bien imaginé. On la tiendra donc à l'écart, de telle sorte qu'on ne sache pas même qu'elle existe, et que la Béjard, malgré les précautions prises, ne soit pas soupçonnée d'être sa mère.

Quand, tout étant disposé, la troupe, que le retour de M. de Modène rappelait à Paris,

---

[1]. V. l'acte de naissance de Françoise, fille de Madeleine Béjard et du baron de Modène, dans les *Lettres* de M. de Fortia, sur la femme de Molière, 1825 ; in-8°, p. 85.

put elle-même se mettre en route, la petite fille ne fut pas du voyage. On la laissa prudemment dans le pays où elle était née, en des mains d'ailleurs bien choisies. La Béjard, nous en aurons d'autres preuves, n'était pas mauvaise mère. « Armande, dit l'auteur de *la Fameuse Comédienne*, a passé sa plus tendre jeunesse en Languedoc, chez une dame d'un rang distingué dans la province. »

A la fin de 1644, la Béjard est à Paris, tâchant de reprendre sur M. de Modène un empire un peu affaibli par l'absence. En attendant, il faut vivre. Que fait-elle? Nous l'avons dit, elle joint sa troupe à celle de Molière qui déjà, sans doute, l'avait connue et aimée avant qu'elle partît de Paris, vers 1641 [1].

En faisant société avec ces comédiens de famille, en devenant la perle de cet *Illustre théâtre* où l'on joue sans déroger, elle ne dérogera pas elle-même, et ne fera rien qui puisse la rendre indigne d'un retour d'amour de la part de M. de Modène, et de protection de la

---

[1]. Cet amour, comme nous l'avons dit (p. 1 et 11), décida peut-être de sa vocation. C'est l'avis de Tallemant (t. VII, p. 177) et celui de Bayle : « Il ne se fit comédien, dit-il, que pour être auprès d'une comédienne, » qu'il aimait.

part de M. le duc de Guise. Je ne sais si l'amour reparut, mais la protection revint certainement. Nous avons vu que Madeleine joua l'Epicharis de *la Mort de Sénèque*, à la fin même de cette année 1644, c'est-à-dire presque à son arrivée, et qu'elle y obtint un fort beau succès. Or, la pièce était de quelqu'un de la maison du duc. Tristan, qui l'avait écrite, vivait à l'hôtel de Guise sur le même pied que son ami le baron de Modène. Le don de riches habits, fait par le duc aux comédiens, et dans lequel furent compris Molière, Beys et la Béjard, est une autre preuve de la bienveillance qu'on témoignait de ce côté à l'*Illustre théâtre*. M. de Modène ne la laissait certainement pas refroidir. Il le pouvait mieux que personne ; le duc ne faisait rien sans lui, et ne prenait d'amitiés ou de haines que de sa main. « Celui qui le gouvernoit alors, dit l'abbé Arnauld à cette date, et qui avoit tout pouvoir sur sa maison étoit le baron de Modène. »

Si donc les comédiens de l'*Illustre théâtre* sont bien venus et choyés à l'hôtel de Guise, c'est que le baron leur en a ouvert l'accès, c'est qu'il a repris sa première intimité avec la Béjard, qui, de son côté, n'a pas manqué de reprendre ses idées de mariage.

Elle ne put encore les mener loin. Le don de M. de Guise était, nous l'avons dit, un présent d'adieu. Il partait pour Rome, et M. de Modène l'y accompagnait [1]. On pouvait croire qu'ils n'y feraient pas long séjour. La Béjard attendit donc, mais la révolution de Naples se déclara; le duc de Guise, entraînant toujours le baron de Modène, s'y jeta résolûment, dans l'espoir d'y ramasser une couronne. Il n'y trouva que mécomptes et mésaventures, puis enfin une captivité partagée pendant deux ans par M. de Modène.

La Béjard n'attendait plus. Elle avait recommencé ses caravanes; et Molière, cette fois, était du voyage. De quel côté se dirigèrent-ils? Tout porte à croire que ce fut vers l'est; car, en 1648, on trouve à Nantes une troupe, dont, quoi qu'on ait voulu dire à ce sujet tout dernièrement [2], je crois bien qu'ils faisaient partie. Leur vie, dans ces courses errantes, rappela souvent les péripéties du *Roman comique.* Aussi, comme en

1. Ils partirent de Paris pour Rome vers la fin de 1646. *Hist. des Révol. de Naples,* par M. de Modène; 1826, in-8º, 3ᵉ partie, p. 50.
2. V. *La Revue de Bretagne et Vendée,* février 1863, p. 158-167.

se dirigeant vers Nantes ils purent passer dans le Maine, où Scarron a placé les scènes de son épopée grotesque, écrite à cette époque même ; comme, d'un autre côté, l'évêque du Mans, M. de Lavardin, ami de Scarron, et tenant de fort près à M. de Modène[1], pouvait avoir intérêt à faire tourner en ridicule cette troupe de comédiens et de comédiennes, où le baron s'était presque mésallié, on a pu penser, non sans quelque raison, que les héros et et les héroïnes de la burlesque odyssée étaient de la troupe de Molière[2].

Nous ne donnerons pas le détail de ces courses de Molière et de la Béjard à travers la province. Il appartient à notre travail définitif, et serait de trop ici. Nous dirons seulement qu'après avoir cherché, pendant les années désastreuses de la première Fronde, les coins heureux de la province qui avaient le mieux échappé à ces malheurs, la troupe se trouvait, au commencement de 1650, à Narbonne[3], l'un des rares endroits de la

---

1. Il était fils de la première femme du baron et du marquis de Lavardin.
2. P. Lacroix, *La jeunesse de Molière*.
3. Emmanuel Raymond, *Molière dans le Languedoc*; 1858, in-12, p. 49.

France où la guerre civile et ce qu'elle entraîne de désastres n'avaient pas tué tout à fait le rire, dont ces nomades du théâtre faisaient leur gagne-pain.

Quelques mois plus tard, soit que la vie ne fût plus possible même dans cette province plus heureuse, soit qu'un intérêt de grande importance les rappelât plus près du centre et mieux à la portée de la cour, nous rencontrons Molière et la Béjard à Paris [1]. Molière y veut reprendre langue avec un monde que réclame son talent, mis à jeun d'esprit par la routine provinciale, et la Béjard y veut renouer avec M. de Modène, revenu depuis peu de sa prison de Naples [2]. Je ne crois pas que la liaison redevint alors assez intime pour que les anciennes espérances pussent s'y réveiller. Si pourtant elle se renoua, ce ne fut pas pour bien longtemps. En 1651, la cour quitte Paris pour se rendre à Poitiers, et,

---

[1]. Taschereau, *Histoire de la vie et des œuvres de Molière*; 3ᵉ édit., p. 15. — Nous donnerons des preuves que M. Taschereau ne s'est pas trompé, quoi qu'en dise M. Bazin, quand il place sous la date de 1650, un retour de Molière à Paris.

[2]. Il avait été mis en liberté, moyennant rançon, le 6 avril 1650. *Hist. des Révolut. de Naples*, 1ʳᵉ partie, p. 483.

comme nous le prouverons, Molière la suit avec la Béjard et toute la troupe.

Ils ne reviennent que sept ans après, au printemps de 1658[1], après s'être fait dans la province, surtout en Languedoc, chez M. de Conti, des amitiés qui leur ouvrirent un accès près du prince de Condé[2], et par cette voie près de Monsieur, frère du roi, qui fut leur premier protecteur en titre.

Ici le roman va finir: La Béjard, qui depuis longtemps voyait bien que du côté de M. de Modène il n'y avait rien à espérer pour elle, et qui n'avait plus dès lors à lui cacher ce qui auparavant aurait pu la perdre, s'était décidée, déjà depuis huit ans, à reprendre la petite Armande, tenue jusqu'alors à l'écart. Il se pouvait d'ailleurs que son autre fille, la petite Françoise, dont on n'a pu retrouver la moindre trace, fût morte vers ce temps-là, et que la Béjard, par un sentiment bien naturel aux mères, eût cherché dans le retour de sa seconde fille une con-

---

1. Il nous sera très-facile de démontrer que Molière était à Paris, dès les premiers mois de cette année-là.

2. Nous prouverons, à l'aide d'un document inédit, que le premier protecteur de Molière, à Paris, fut le prince de Condé.

solation de la perte de l'autre. Il est certain du moins qu'en 1650 environ[1], Armande fut retirée de chez la dame, sa gardienne, « qui, lit-on dans *la Fameuse Comédienne*[2], ayant conçu pour elle une amitié fort tendre, fut faschée de l'abandonner entre les mains de sa mère, pour aller suivre une troupe de comédiens errants. » Molière était là par bonheur. Il servit de père à cette enfant, « prise, pour ainsi dire, au berceau[3]. » Il fut l'Arnolphe de cette Agnès ; et voulant, comme Arnolphe, épouser sa pupille, il se prépara tous les mal-

1. Nous n'en avons pas de preuve certaine, mais Molière nous fournit à ce sujet un témoignage précieux quoique indirect. Dans *l'École des femmes*, Arnolphe, qui est si complétement Molière lui-même, à ce point que l'âge qu'il se donne est justement l'âge de Molière à la date de la pièce, Arnolphe parlant des soins dont il a comblé Agnès, dit que ces soins presque paternels remontent à treize années. Or ce doit être aussi la durée de l'espèce de tutelle que Molière étendit sur Armande, et dont les premières années de leur mariage ne furent que la continuation. Armande était si jeune encore. Calculons maintenaut : Quand fut jouée *l'École des femmes*? en 1663, quelques mois après ce mariage. Quand avons-nous dit que Molière se fit le tuteur d'Armande? en 1650. Ce sont justement les treize ans dont Arnolphe a parlé.

2. Page 7.
3. *Id.*, p. 26.

heurs d'Alceste avec Célimène. *L'École des femmes,* je ne saurais trop le dire, est le commencement de l'histoire de ses amours vrais, et d'autant plus malheureux.

Il est si bien, dans cette pièce, au cœur de ses propres aventures, que ce qui le préoccupait dans la vie l'y préoccupe de même. Il fait planer sur la naissance d'Agnès le mystère qui planait sur la naissance d'Armande; et bien plus, comme l'énigme ne trouve pas son mot tant cherché, il continue dans ses autres pièces ce roman des naissances mystérieuses.

Nous le retrouvons dans *les Fourberies de Scapin;* nous le retrouvons aussi dans *l'Avare,* où Marianne attend un père inconnu qui lui arrive au dénoûment, et d'où? De Naples même, comme M. de Modène, qui par malheur n'était pas le père d'Armande, n'avait pas qualité pour faire, lui aussi, un dénoûment. Elle ignora toujours quel était son père, mais n'en fut pas plus malheureuse.

Il lui resta sa mère, qui lui fit, par son testament, des avantages après lesquels il n'est plus permis de douter de sa maternité[1]. Il lui

---

1. Un extrait de ce testament se trouve dans les *mss.* de Beffara, t. III, p. 116. On y apprend que l'exé-

resta surtout Molière, dont l'amour et les soins furent inépuisables, et qui ne cessa de lui prodiguer en bonheur ce qu'elle lui rendit en infortune.

La Béjard ne trouva pas non plus la fin de son roman. M. de Modène ne l'épousa pas; mais il prouva qu'il aurait pu l'épouser sans croire déroger. En 1666, en effet [1], il prit pour femme quelqu'un de l'intimité de la Béjard, de sa famille même : mademoiselle de l'Hermite, dont la mère s'était fait, en Normandie, fabricante de verroterie [2], et qui, suivant

cuteur testamentaire était Mignard, le peintre, ancien ami de la famille, et que la légataire universelle, du moins pour l'usufruit des biens, était Armande. A l'acte se trouve annexé un pouvoir donné par Molière à sa femme, pour qu'elle puisse se présenter comme héritière. Elle ne manqua pas d'user de son droit. M. Fortia d'Urban a publié d'elle une lettre relative à une ferme située dans le Comtat et qui faisait partie de l'héritage. Armande s'y pose nettement en seule et unique propriétaire. (*Lettres sur la femme de Molière*, p. 153.)—Les notaires qui reçurent le testament de la Béjard étaient Ogier et Mouffle. Le premier, de même qu'un autre notaire, Me Gigault, qui fit des actes pour Molière, notamment son testament, tenait à sa famille par les Cressé. Nous le prouverons.

1. Il l'épousa le 26 octobre 1666.
2. Subligny, *La Muse Dauphine*, 1667, in-12, p. 174.

madame Dunoyer[1], était « une très-aimable personne. »

VI

Pour en finir avec Molière et les autres amours qui furent la distraction de son cœur, il nous faut revenir un peu sur nos pas, et commencer par le chercher dans ses amitiés, qui furent l'un des grands charmes de sa vie.

Lorsqu'en 1650, il était revenu à Paris, il avait retrouvé celles qui lui étaient les plus chères et les plus précieuses, car c'étaient des amitiés de gens d'esprit.

Le fameux dîner à *la Croix de Lorraine*, où, suivant Chapelle, Molière cédant à la contagion de l'ivresse,

> ..... *buvoit assez*
> *Pour vers le soir être en goguette,*

doit être, comme nous le prouverons, de ce temps-là.

[1]. *Lettres littéraires et galantes*; 1757, in-12, t. III, p. 306.

C'est un détail curieux dans sa vie, en ce qu'il explique un des côtés joyeux de son talent, et nous apprend comment cet homme que la délicatesse de sa santé réduisit pendant longtemps au régime du laitage, put toutefois mettre tant de verve dans le rôle de Sganarelle, l'ivrogne fagottier, et surtout dans la chanson qu'il lui fait chanter :

Qu'ils sont doux !
Bouteille ma mie,
Qu'ils sont doux !
Tes petits glogloux ;
Mon sort serait bien jaloux
Si vous étiez encor remplie.
Ah ! bouteille ma mie,
Pourquoi vous videz-vous ?

L'air de cette chanson, qu'on ne chante plus au Théâtre-Français, tel qu'il est noté, bien qu'il soit facile à retrouver [1], avait été écrit par Charpentier, le même qui fit la musique du *Malade Imaginaire*, lorsque Molière, trompé par Lulli, dans une affaire qui sera racontée en son lieu, dut renoncer à sa collaboration.

1. V. la *Clef des Chansonniers*; 1722, in-12, t. I, p. 74.

Molière avait écrit bien d'autres chansons, qui, pour la plupart, sont perdues. Les unes avaient été mises en musique par quelque musicien de l'époque; les autres avaient été faites sur quelques-uns de ces airs populaires dont il aimait tant la franchise, on le sait par ce que dit Alceste de la chanson du *Roi Henri*. Plusieurs couplets faits par lui sur le vieil air *lon lan la landerirette*, fort en vogue en ce temps-là, ont été retrouvés, il y a six ans, dans un manuscrit appartenant au roi Louis-Philippe, et n'ont pas encore été joints à ses œuvres[1]. Nous allons en citer trois ou quatre. Le poëte se plaint d'une cruelle et lui dit :

Au penchant qui nous engage
Pourquoi vouloir résister ?
Dans le printemps de son âge
Ne doit-on pas profiter
De son lan la, landerirette.

De pitié votre âme atteinte,
S'attendrit à mes discours,
Mais que me sert votre plainte
Si vous refusez toujours.

[1]. Ils n'ont été publiés que dans le *Bulletin du Bibliophile*; 1853-1854, p. 365-368.

Pendant une nuit paisible,
En vain je me crois heureux ;
Le songe le plus sensible
Ne peut soulager les feux
De mon lan la, etc.

Qu'un bonheur plus véritable
Comble enfin tous mes plaisirs.
La nuit la plus favorable
Laisse encor trop de désirs....

Un autre couplet de Molière qui n'a pas non plus été recueilli se trouve dans *les Aventures* de Dassoucy, qui se vante d'avoir achevé la chanson, et d'avoir mis le tout en fort belle musique. Ce couplet n'est pas un chef-d'œuvre, car Molière qui connaissait son collaborateur, voulait rester à son niveau. Nous ne le citerons pas moins :

Loin de moy, loin de moy, tristesse,
Sanglots, larmes, soupirs,
Je renvoye la princesse
Qui fait tous mes désirs.
O célestes plaisirs, doux transport d'allégresse !
Viens, Mort, quand tu voudras
Me donner le trépas.
J'ai reveu ma princesse [1].

[1]. *Aventures burlesques* de Dassoucy ; édit. Colombey, p. 240-241.

Ce couplet, qui prouve que rien n'était impossible à Molière, et qu'il pouvait au besoin anticiper sur les platitudes de l'opéra-comique, fut écrit par lui dans le temps qu'il était à Béziers avec sa troupe, augmentée de Dassoucy et de ses deux pages de musique. C'est alors aussi, ce qui vaut mieux, qu'il faisait jouer pour la première fois sa comédie du *Dépit amoureux,* dont l'imbroglio lui avait été presque en entier fourni par de vieilles comédies italiennes, mais dont l'état de son cœur et les péripéties de sa vie à ce moment même lui avaient seuls inspiré toute la partie amoureuse.

L'amitié, le vin et les chansons ne suffisaient pas pour remplir le vide d'un cœur comme le sien : il lui fallait l'amour pour le consoler de l'amour. Aussi, chaque fois que les retours de M. de Modène lui disputèrent les bonnes grâces de la Béjard, ou du moins l'obligèrent au partage, ne se fit-il pas faute de cette consolation. Il en abusa même. A Paris, en 1658, nous lui connaissons quatre amours à la fois : la Béjard d'abord, avec laquelle il n'a pas rompu, leurs intérêts étant trop mêlés pour qu'il ne subsistât pas toujours entre eux les apparences d'une liaison;

mademoiselle De Brie ensuite, puis mademoiselle Du Parc, et enfin une plus modeste et plus inconnue, mademoiselle Menou.

C'est par une lettre de Chapelle que nous avons su cette complication de tendresses, et par conséquent de jalousies. Sans lui, nous connaîtrions même à peine l'existence de mademoiselle Menou, nous saurions seulement, grâce à un exemplaire de *l'Andromède*, possédé par M. de Soleinne [1], qu'elle faisait partie de la troupe de Molière, quand il joua cette pièce à machines, et qu'elle y était chargée du rôle presque muet d'Éphyre la Néréide.

Ce n'était pas assez pour que nous nous intéressions à elle, mais la lettre de Chapelle est venue éveiller cet intérêt et le rendre fort vif. On y découvre ce que devait être mademoiselle Menou : une toute jeune personne, un vrai fruit vert, comme devait les aimer Molière, qui, plus tard, livra si bien tout son cœur à l'adoration de la jeunesse d'Armande.

Les hommes de cette trempe se plaisent volontiers dans les amours qui leurs permettent de protéger en aimant, ils ont du bonheur à sentir la faiblesse qui les recherche pour s'ap-

---

[1]. *Catal. de la Biblioth. Soleinne*, t. I, p. 250.

puyer à eux ; et, d'un autre côté, leur défiance, née de l'observation, semble ne trouver de repos que dans ces passions précoces, où l'âge paraît être une caution d'innocence. Si Molière donc aima la modeste Éphyre de *l'Andromède*, la pauvre comparse, c'est à cause de sa faiblesse et de son humilité même, qui le reposaient des grands airs de ses autres comédiennes, j'allais presque dire de ses autres sultanes.

Chapelle, dans sa lettre, donne à entendre tout cela. Il parle de la première verdure du printemps, qui, dit-il,

> *Jeune et foible rampe par bas*
> *Dans le fond des prés, et n'a pas*
> *Encor la vigueur et la force*
> *De pénétrer la tendre écorce*
> *Du saule qui lui tend les bras.*
> *La branche amoureuse et fleurie,*
> *Pleurant pour ses naissants appas,*
> *Toute en sève et larmes, l'en prie,*
> *Et jalouse de la prairie*
> *Dans cinq ou six jours se promet*
> *De l'attirer à son sommet.*

« Vous montrerez, ajoute-t-il,[1] ces beaux

1. *Œuvres de Chapelle*, édit. elzév., p. 202-203.

vers à mademoiselle Menou seulement. Aussi bien, sont-ils la figure d'elle et de vous. » Il lui recommande ensuite de ne pas faire lire cette lettre « à ses femmes, » à cause de certains vers qui la terminent et qui ne sont pas trop à leur louange. « Je les ai faits, ajoute-t-il, pour répondre à cet endroit de votre lettre, où vous particularisez le déplaisir que vous donnent les partialités de vos trois grandes actrices pour la distribution de vos rôles. Il faut être à Paris, pour en résoudre ensemble, et tâchant de faire réussir l'application de vos rôles à leur caractère, rémédier à ce démêlé, qui vous donne tant de peine. En vérité, grand homme, vous avez besoin de toute votre tête en conduisant les leurs, et je vous compare à Jupiter pendant la guerre de Troie. »

On devine quel charme et quel repos il devait trouver au sortir de cet enfer, dans les doux entretiens de la modeste mademoiselle Menou. Mais il dut la sacrifier, du moins tout le donne à croire, car on ne la trouve pas longtemps chez Molière.

Peu de mois après la lettre de Chapelle, dans l'automne de 1658, quand la troupe s'installe enfin à Paris, mademoiselle Menou n'en fait plus partie. Nous ne savons ce qui la fit renvoyer, mais nous pouvons, pour cela, nous en rapporter à la jalousie de ses rivales. Molière resta seul entre elles.

C'était du courage ; il tint bon pourtant tout armé qu'il était de douceur et de philosophie, et grâce à ce système qui lui faisait tout prendre en patience, du moment que, dans ses ennuis mêmes, il y avait pour son art une source d'études et d'observations.

Ses premières pièces sont remplies du contraste de ces trois caractères féminins qu'il fut si bien à même d'étudier, en plein tapage, à ses risques et périls. Dans *don Garcie*, done Elvire, à qui les jaloux déplaisent, c'est mademoiselle Du Parc, tandis que Madeleine Béjard joue le rôle d'Élise, à qui la jalousie ne déplaît pas. Par malheur, elle n'est plus guère d'âge à espérer des amants jaloux.

Dans *les Fâcheux*, la Du Parc, qui joue Orante, tient un rôle semblable à l'autre, et non moins conforme à son humeur ; tandis que la De Brie, d'un caractère différent, est chargée du rôle de Climène, dont la nuance est aussi toute contraire.

C'était une nature de femme plus compatissante et plus douce, n'ayant rien de la hauteur un peu façonnière[1] qui avait fait donner à sa rivale, mademoiselle Du Parc, le surnom de *Marquise*. Celle-ci pouvait plaire à l'humeur un peu guindée et apprêtée de Racine, qui fut en effet son amant, mais mademoiselle De Brie avec ses manières indulgentes devait paraître bien plus aimable à Molière.

Il l'aima longtemps. Sa passion pour la Du Parc ne fut qu'un caprice ; celle qu'il eut pour la De Brie fut plus qu'un amour, ce fut une amitié. Dans ses plus amers ennuis, c'est toujours à elle qu'il revint. Lorsque les infidélités d'Armande l'affolèrent de douleur, sa confidente, sa consolatrice fut cette ancienne maîtresse, qui voulut bien oublier qu'on l'avait délaissée et ne voir que le cœur au désespoir. Aussi, dans *le Misanthrope*, est-ce pour elle que fut le beau rôle. Célimène, vous le savez déjà, c'est Armande ; Arsinoé, c'est mademoiselle Du Parc, qui, transfuge ingrate de la troupe de Molière, qu'elle venait de quitter alors pour l'hôtel de Bourgogne et le dévot Racine, méritait bien de se voir ainsi mise en scène ; mais la bonne et délicate Éliante, c'est mademoiselle De Brie.

[2]. Dans l'*Impromptu* de Versailles, il dit qu'elle est *naturelle*, mais c'est pure ironie.

Nous finirons par ce dernier retour vers le chef-d'œuvre où Molière est tout lui-même.

Puisque nous n'avions à le montrer que dans ses amours, dans ses souffrances, c'est à cette œuvre où son cœur se résume, que nous devions revenir.

MOLIÈRE

SA VIE ET SA FORTUNE

D'après le Registre du comédien La Grange et autres documents inédits,

---

I

On annonce, depuis longtemps, que la Comédie-Française commencera bientôt la publication des principaux documents dont se composent ses archives. Le fait est exact, mais on ajoute, dans l'annonce que je viens d'indiquer, quelques détails qui ne le sont pas. Ainsi, à propos du plus précieux de ces documents, sans contredit, *le Registre* de La Grange, le comédien qui fut le confrère, l'ami de Molière, et l'homme qui, sans qu'il s'en doutât, fit le plus peut-être pour l'histoire du grand comique et de son théâtre, on nous dit que ce registre « fut écrit jour par jour par les comédiens, et... » Il y a là une erreur et une injustice. Heureusement que pour en avoir raison il suffit de se demander pourquoi, s'il avait été écrit jour par jour par d'autres que La Grange, ce registre porte son nom.

C'est La Grange tout seul, comédien soigneux, méticuleux même, et il ne faut pas s'en plaindre ici, qui l'écrivit de sa main, jour par jour, presque heure par heure, de la première jusqu'à la dernière page, et qui nous donna ainsi, je le répète, le document le plus précieux pour une histoire qui en est si dépourvue, le plus clair pour une époque qui est si obscure.

II

Nous dirons d'abord quelques mots du comédien, de qui nous vient ce document utile.

Il s'appelait, de son vrai nom, Varlet suivant les uns, Beauvalet suivant les autres, enfin Beauvarlet suivant ceux que je crois le plus volontiers. L'abbé Bordelon, qui semble l'avoir bien connu, est du nombre. « Il étoit d'Amiens en Picardie, dit-il [1]; luy et un frère qu'il avoit, voyant que leur tuteur les chicanoit, ils se firent comédiens en différentes troupes. Après la mort de leur tuteur, le frère de La Grange quitta la comédie et alla prendre soin de son bien. » Il fut, lui, plus fidèle à son art, sans doute parce qu'il y avait plus de succès. Il courut quelque temps la province, comme Molière, et il se trouvait dans sa troupe quand elle commença son établissement définitif à Paris. Sa femme en faisait aussi partie, d'abord comme femme de chambre de la De Brie, puis comme actrice, sous le nom de Mlle Marotte.

Elle était fille de ce pâtissier-comédien de la rue Saint-Honoré, Cyprien Ragueneau [2],

---

1. *Diversitez curieuses*, t. I, p. 240.
2. En 1637, d'après l'*Extrait du rôle de la taxe des boues de Paris*, fol. 41, Ragueneau habitait la maison de la rue Saint-Honoré « faisant le coin de la rue Saint-Thomas du Louvre » maison où la Béjard vint habiter quelques années après. Ragueneau prenait le titre de *pâtissier de son Éminence le cardinal de Richelieu,* comme on le voit sur l'acte de naissance de sa fille Marie,—celle qui fut femme de La Grange,—à la date du 18 mai 1639, dans les *Registres de Saint-Germainl'Auxerrois.* En 1641, la fille de Gaston étant venue s'établir aux Tuileries, Ragueneau, en bon voisin, change son titre pour celui de *pâtissier de Mademoi-*

dont l'histoire pitoyable et plaisante se trouve si bien racontée par d'Assoucy dans *ses Aventures d'Italie* (chap. xii) [1]. Elle était laide, et tenait au théâtre les rôles ridicules, mais elle jouait les coquettes à la ville [2].

Quant à La Grange, il jouait les amoureux et s'en acquittait fort bien, avec une remarquable aisance [3], même lorsque l'âge eut amené l'embonpoint. Lorsqu'il mourut, le 1er mars 1692, il était encore au théâtre. Il

selle, qui lui est donné sur l'acte de naissance de son fils Jean, le 10 mars 1647. D'après une note du *Registre* tenu par son gendre, Ragueneau mourut à Lyon, le 18 août 1654, pendant un des séjours de la troupe de Molière, à laquelle il s'était attaché comme moucheur de chandelles. Sa femme, Marie Brunet, avait eu avant son mariage un fils, qui mourut le 29 octobre 1669, aux Célestins d'Avignon où il s'était fait moine sous le nom de Père Arnoult. Ragueneau aimait les auteurs et se targuait de l'être. Beys fit en son nom un *sonnet* qui se trouve en tête des *Poésies* d'Adam Billault. (V. notre *Histoire des Hôtelleries et Cabarets,* t. II, p. 278.) C'est sans doute cette prétention de Ragueneau à la poésie qui le détourna de son métier, ruina sa boutique et finit par le forcer à se faire mauvais acteur, puis valet de comédiens.

1. *Aventures* de Dassoucy, édit. Colombey, p. 296.
2. V. à ce propos des vers qui la maltraitent à la fin de *la Fameuse Comédienne,* p. 90.
3. *Entretiens galants,* t. II, p. 89-91.

n'avait eu qu'une fille, qu'il maria mal [1]. C'est le chagrin de cette union malheureuse qui lui donna le coup de la mort. Sa femme, moins sensible, lui survécut trente-cinq ans. Retirée un mois après la mort de son mari, avec une pension de mille livres, elle vécut jusqu'au 3 février 1727. Elle avait alors quatre-vingt-huit ans.

La Grange, suivant une note manuscrite de M. de Tralage, « étoit un très-honnête homme, docile, et poli ; et Molière avoit pris plaisir à l'instruire. » La façon dont il jouait, prouvait qu'il avait mis à profit l'incomparable enseignement. Comme il était le plus lettré de la troupe, c'est sur lui que Molière, sept ans à peu près avant sa mort, s'était déchargé du soin de faire chaque soir l'annonce au public, et les harangues, les jours de clôture et de rentrée. Il tournait, à ce qu'il paraît, un compliment à merveille.

Son *Registre* nous dit la date exacte du jour où commença pour lui cette importante fonction : « J'ay, écrit-il le 4 novembre 1664, commencé à annoncer pour M. de Molière. »

1. Son gendre s'appelait M. Musnier de Trohéou, et était payeur des états de Bretagne. *Lettre de Beffara; Journal de la Librairie,* 21 juin 1828.

Il aimait les livres et en possédait de fort précieux [1]. Les plus à regretter sont ceux qui lui venaient de la succession de Molière, Armande lui ayant, dit-on, remis ce qui formait en ce point l'héritage du grand homme : papiers, livres, manuscrits [2]. Il en fit usage, mais trop discrètement, pour l'édition qu'il donna, en 1682 avec Vinot, l'ami de Molière. Depuis lors, on ne sait ce qu'est devenu ce trésor. La femme de La Grange le dispersa probablement sans en connaître le prix. Il n'eut pas, s'il eût vécu, fait une si lourde faute, car il avait gardé un véritable culte pour son maître et ses œuvres, et personne, si ce n'est Molière, n'était plus soigneux que lui. « Il n'a pas seulement, dit Chapuzeau [3], succédé à Molière, dans la fonction d'orateur, il lui a succédé aussi dans le soin et le zèle qu'il avoit pour les intérêts communs, et pour toutes les affaires de la troupe, ayant tout ensemble de l'intelligence et du crédit. »

Son *Registre,* dont nous allons parler,

---

1. Bordelon, *Diversitez curieuses,* t. I, p. 241.
2. *Lettre de Beffara* déjà citée.
3. *Le Théâtre françois,* p. 282.

prouve par le soin avec lequel il est tenu, la justesse de cet éloge.

La compagnie des comédiens dont Molière était le chef, l'âme et l'esprit, possédait un *journal,* sorte de grand registre, qui, sans doute, était tenu avec beaucoup de soin, et dans lequel rien n'était oublié. Il a été perdu, je ne sais quand ni comment, mais on ne peut douter qu'il ait existé. Celui de La Grange en est lui-même une preuve, puisque son titre, à peine lisible aujourd'hui sur le parchemin de la couverture, indique évidemment qu'il n'est qu'un résumé du registre principal. Voici ce titre : *Extrait des receptes et affaires de la comédie, depuis Pasques de l'année 1659, appartenant au sieur La Grange, l'un des comédiens du roy.* Un peu au-dessus, en forme de note, on a écrit : « Ce registre ne va que jusqu'au 1er septembre 1685. » Il comprend ainsi un espace de plus de vingt-six ans.

Comme La Thorillière, autre comédien de cette troupe, dont on possède aussi le registre quotidien, La Grange n'écrivait que pour lui-même. Aussi, à côté de choses qui sont d'un intérêt général pour la compagnie, en place-t-il d'autres qui lui sont particulières et tout à fait intimes. Il est pour l'histoire de la troupe de Molière ce que Dangeau fut pour la chronique quotidienne des trente dernières années de Louis XIV. Le marquis n'oublie rien des grands événements du règne, mais n'omet rien non plus des petits événements de sa vie. La Grange fait de même. Le 13 novembre 1661, par exemple, après avoir parlé de la représentation du jour, il nous dit : « Icy je tombai malade d'une fiebvre continue double tierce, et j'eus deux rechutes. Je fus deux mois sans jouer. M. de Croisy prit mon rôle d'Eraste. » C'est le principal personnage de la comédie des *Fâcheux,* qui était alors nouvelle.

Une autre fois, ce n'est plus de sa maladie, mais de son mariage qu'il nous fait part : « Le dimanche Quasimodo, 24 avril 1672, nous dit-il, je fus fiancé, et le lendemain, lundi 25, je fus marié à Saint-Germain-de-l'Auxerrois, à mademoiselle Marie Ragueneau de L'Estang[1] qui est entrée actrice dans

---

1. M. Taschereau fait une remarque intéressante à propos de ce nom de de L'Estang, que la fille du pâtissier s'était sans doute gratuitement adjugé. Il lui donne à penser que la *receveuse* du théâtre, mentionnée avec ce même nom dès 1660, n'est autre que la future

la troupe. » Nous avons dit tout à l'heure qui elle était.

Le même jour, le tailleur de la troupe s'était marié à la même paroisse, et La Grange, tant il est minutieux historien des choses de son théâtre, accorde une mention à ce fait important : « Jean Baraillon, tailleur ordinaire des ballets du roy, dit-il sous la même date, fut fiancé et marié audit Saint-Germain-de-l'Auxerrois avec Jeanne-Françoise Brouart, sœur de mademoiselle De Brie. »

Voilà, de par La Grange, Jean Baraillon devenu un personnage de l'histoire du Théâtre-Français. Ne rions pas; il le mérite. N'est-ce pas lui qui fit « les habits et les turbans à la turque, » qui servirent pour *le Bourgeois gentilhomme*, et dont le chevalier d'Arvieux avait pris la peine de lui donner les dessins pendant huit jours entiers qu'il resta tout exprès chez lui [1].

N'ayant pas oublié le mariage du tailleur, La Grange ne pouvait oublier celui du chef de la troupe. Il écrit donc, quand le jour en

---

femme de La Grange. *Histoire de la vie et des ouvrages de Molière*, 3ᵉ édit., p. 219.

1. *Mémoires du chevalier d'Arvieux*, 1735, in-12, t. IV, p. 252.

est venu : « Mardi, 14 février (1662), *les Visionnaires, l'Escole des maris*, visite chez M. d'Équevilly.—Mariage de M. de Molière, au sortir de la visite. » Que vous semble de Molière se mariant après avoir joué? Que dites-vous de cette activité, de ce zèle pour son état qui ne lui permettent pas même une vacance d'un jour pour se marier à son aise?

Il était alors dans toute la violence d'une ardeur que l'affaiblissement de ses forces l'obligea seul de calmer trop tôt. Un autre exemple nous fera juger mieux encore de son assiduité au travail et du soin qu'il prenait pour ne pas perdre même une heure.

Le Surintendant l'a fait venir à Vaux, le 11 juillet 1661 [1], de là Molière se rend à Fontainebleau, chez le roi, et reste en tout absent quatre jours. Dans la nuit du quatrième, il part, avec sa troupe, arrive à Paris dans le milieu du jour suivant, et joue au débotté. « Le lundy 11 juillet (1661), dit La Grange, la troupe est partie pour aller à Vau,

---

[1]. Nous parlerons dans notre travail définitif des rapports de Molière et de Fouquet, dont il existe une preuve dans une lettre écrite au sujet du procès de celui-ci par le gouverneur de la Bastille.

pour M. Fouquet... La troupe revint à Paris la nuit arriva à Essone, le vendredy 15, à la pointe du jour, et arriva à midi au Pallais-Royal, pour jouer *Huon de Bordeaux* et *l'Escole des maris* qu'on avait affichés. »

III.

Auprès de la mention que La Grange fait de son mariage, dans son registre, se trouve une espèce d'hiéroglyphe qui demande quelques mots d'explication, d'autant plus que les signes du même genre, quoique de forme et de couleurs différentes, sont en grand nombre sur ce manuscrit.

N'écrivant que pour lui, comme je l'ai dit, La Grange a cru pouvoir tout naturellement se permettre un système de symboles mnémoniques que lui seul pouvait comprendre.

C'était une économie de temps et de style ; à première vue, suivant la couleur de ces signes, teintés d'après la nuance triste ou gaie des événements, il lui était facile de faire le bilan des chagrins ou des joies de sa vie, et de voir qui l'avait emporté du bonheur ou du malheur. Pour celui-ci, c'est une losange peinte en noir qui sert de symbole ; pour la prospérité, au contraire, c'est un rond ordinairement barbouillé de bleu.

Or, à côté de l'article de son mariage, le rond d'azur s'étale magnifiquement. La Grange, quoiqu'il eût devant lui l'exemple de Molière, qui, à cette date d'avril 1672, s'en allait agonisant déjà, moins de la maladie que des chagrins dont sa femme était cause, n'avait pas craint d'arborer pour son mariage la nuance du bonheur ! Était-ce une imprudence ? Eut-il à s'en repentir ? Ce que nous avons dit plus haut le donnerait à croire, cependant la losange noire n'apparaît nulle part aux endroits où La Grange trouve à parler de mademoiselle Marotte, sa femme.

Pour Molière il lui faut, hélas ! être moins économe de la sombre couleur. Ainsi, en l'année où il a si bien arboré pour lui-même l'hiéroglyphe azuré de la joie, La Grange doit marquer de la losange noire, un jour néfaste entre tous pour le pauvre grand homme, et six mois à peine après, mettre encore à côté de son nom un signe plus large et plus sombre. La première fois, c'est le second fils de Molière, le seul qui lui restât, qui vient de mourir; la seconde fois, c'est Molière qui est mort.

La Grange écrit donc d'abord, huit pages plus loin que la date de son mariage :

« Mardi, 11 octobre 1672, *néant* (ce qui veut dire relâche), à cause de la mort du petit Molière. »

Puis huit ou dix pages encore plus loin, à la date du vendredi 17 février 1673 :

« Le même jour, après la comédie, sur les dix heures du soir, M. Molière mourut dans sa maison, rue Richelieu, ayant joué le rôle du *Malade imaginaire* fort incommodé d'un rhume et d'une fluxion sur la poitrine, qui lui causoit une grande toux, de sorte que dans les grands efforts qu'il fit pour cracher, il se rompit une veine dans le corps et ne vécut pas une demi-heure ou trois quarts d'heure depuis ladite veine rompue, et son corps est enterré à Saint-Joseph, ayde de la paroisse Saint-Eustache. Il y a une tombe eslevée d'un pied hors de terre. »

Ces détails sur la mort de Molière étaient connus, mais la source si authentique et si naïve d'où je les tire m'a fait penser, qu'à cause d'elle, on les relirait avec intérêt ici.

En voici d'autres qui le sont beaucoup

moins et qui même peuvent passer pour à peu près inédits.

Ils se trouvent dans une lettre écrite, au sujet de l'enterrement de Molière, « à Louis Boyvin, prestre, docteur en théologie, » le même qui fut de l'Académie des inscriptions. Il était absent de Paris, et comme la mort de Molière, qui fut pendant quatre jours au moins [1] l'événement de la ville, faisait l'objet de toutes les conversations, l'auteur de cette lettre, qui ne l'a pas signée, mais que l'on suppose être un ecclésiastique, croit devoir lui en donner le détail circonstancié, si précieux pour nous aujourd'hui.

Presque rien n'y est omis [2], si ce n'est

---

1. Il faut, en effet, remarquer que Molière, mort le vendredi, 17, ne fut enterré que le mardi suivant. Les démarches qu'il fallut faire « pour obtenir par prière un peu de terre » pour le grand homme, comme l'a si bien dit Boileau, avaient exigé ce délai. Beffara, dans sa *Dissertation sur Molière*, p. 17, fait observer que sur l'acte de mort de Molière, il n'y a pas de signature de témoins. Les deux ou trois lignes qui suivent la constatation de sa mort sont en blanc. Est-ce un oubli? ou bien personne n'a-t-il voulu témoigner pour ce maudit?

2. Il faut croire cependant qu'on est bien loin de tout savoir sur la mort de Molière et surtout sur son enterrement. L'auteur du livret, si peu connu, *Lettre*

pourtant le motif qui avait fait que Molière, au lieu d'être porté au grand cimetière de Saint-Eustache, sa paroisse, le fut à celui de Saint-Joseph. Mais pour le théologien Louis Boyvin, cette explication était-elle utile? Il savait de reste qu'un excommunié, comme Molière, ne devait avoir pour dernier asile que l'endroit où l'on mettait les enfants morts sans baptême [1] et les suicidés [2]. Or, le cimetière de Saint-Joseph, ou autrement du petit Saint-Eustache, était un de ces asiles de maudits [3].

---

critique à M. de... sur le livre intitulé la *Vie de M. de Molière*, Paris, 1706; p. 40-41, reproche fort à Grimarest d'avoir omis sur ce point ce qui était le plus intéressant : « Il ne dit pas, écrit-il, la moitié de ce qu'il faut dire, par exemple, sur son enterrement, dont il auroit eu de quoi faire un volume aussi gros que son livre, et qui auroit été rempli de faits fort curieux. »

1. Dans *l'Histoire abrégée des ouvrages latins, italiens et françois pour et contre la comédie*, Paris, 1697, on lit à l'article qui concerne *Rosimond*, que les comédiens ne doivent être enterrés que dans le petit cimetière des enfants morts sans baptême. V. aussi le *Discours*, du P. Lebrun, *sur la Comédie pour prouver qu'elle n'est pas permise aux chrétiens*, 1731, in-12.

2. Les suicidés étaient mis dans le cimetière des mort-nés. V. Tallemant, édit. in-12, t. X, p. 18.

3. Rosimond, quoiqu'il fût mort pieusement et qu'il

« Mardi, 21 février, sur les neuf heures du soir, lit-on dans cette lettre, malheureusement sans signature, l'on a fait le convoy de Jean-Baptiste Poquelin-Molière, tapissier valet de chambre, illustre comédien, sans aucune pompe, sinon de trois ecclésiastiques ; quatre prestres ont porté le corps dans une bière de bois couverte du poelle des tapissiers [1].

eût fait une *Vie des Saints,* publiée sous le nom de J.-B. Dumesnil « fut aussi, suivant La Monnoye, placé dans le même endroit, où l'on met les enfants qui n'ont pas été baptisés. » *Œuvres* de La Monnoye, 1770, in-8°, t. III, p. 113.

1. Ce détail est on ne peut plus curieux. On cachait le comédien sous le tapissier ! Molière, il est vrai, n'avait jamais cessé d'être valet de chambre tapissier du roi. « Il avoit, dit Marcel dans sa *Notice,* été reçu dès son bas âge en survivance de cette charge, qu'il a depuis exercée dans son quartier jusqu'à sa mort. » On peut se demander qu'elles pouvaient être, pour Molière, les exigences de son titre dans son quartier. Elles consistaient à faire tendre à ses frais, le jour de la Fête-Dieu, le devant des maisons des Religionnaires. Une ordonnance du mois de mai 1656, l'avait réglé ainsi. C'est sans doute pour cela qu'il y avait chez Molière, à sa mort, « beaucoup de tentures de tapisseries ; » ainsi que l'a prouvé M. Eudore Soulié, en donnant sur ce point un extrait de l'inventaire, retrouvé par lui, et dont il promet la publication très-prochaine. *Correspondance littéraire,* 25 février 1863, p. 98.

« Six enfans bleus portant six cierges dans six chandelliers d'argent; plusieurs laquaiz portant des flambeaux de cire blanche allumez. Le corps, pris rue de Richelieu, devant l'hostel de Crussol[1], a esté porté au cimetière Saint-Joseph et enterré au pied de la Croix. Il y avoit grande foule du peuple, et l'on a fait distribution de mil à douze cents livres aux pauvres qui s'y sont trouvez, à chacun cinq solz. Ledit Molière étoit décédé le vendredy au soir, 17 febvrier 1673. M. l'archevesque avoit ordonné qu'il fust enterré sans aucune pompe, et mesme defendu aux curés et religieux de ce diocèse de faire aucun service pour lui.

« Néanmoins, on a ordonné quantité de messes pour le deffunt. »

Titon du Tillet, dans son *Parnasse françois*[2], parle aussi des défenses faites par l'archevêque, M. du Harlay, qui avait à peine

---

1. Il se trouvait au coin droit de la rue Villedo et de la rue Richelieu. Nous avons prouvé dans notre Introduction de *Corneille à la Butte Saint-Roch*, pages CLIII-CLIV, note, que la maison où mourut Molière faisait face, en effet, à l'hôtel de Crussol. Elle porte aujourd'hui le n° 42 de la rue Richelieu.

2. 1727, petit in-8°, page 257.

permis quelques cierges et quelques chants sacrés autour de l'illustre cercueil, mais il ajouta que monseigneur en fut pour ses frais de proscription : « Le convoi, dit-il, n'en fut pas moins beau et éclairé. Tous les amis de Molière y assistèrent, ayant chacun un flambeau à la main. »

Je n'ai pas besoin de faire remarquer tout l'intérêt des détails que le prêtre anonyme a mandés à son ami Boyvin et qui, simples renseignements de nouvelliste quand ils furent donnés, sont devenus pour nous un si inappréciable document. On les chercherait vainement ailleurs. La lettre qui les contient a paru pour la première fois dans un livre où l'on n'aurait certes pas cru devoir la trouver ; ce sont *les Considérations historiques et artistiques sur les monnaies de France*, par M. B. Fillon, de Fontenay-le-Comte.

Après l'avoir publiée telle que je viens de la reproduire, M. Fillon ajoute quelques observations fort sensées tendant à faire croire que l'indication donnée par cette lettre pour la tombe de Molière n'étant pas la même que celle qui servit de guide aux commissaires chargés, le 12 juillet 1792, de l'exhumation de ses restes, il est probable qu'au lieu de la dépouille d'un grand homme, on porta de Saint-Joseph au Père-Lachaise les ossements de quelque inconnu. « La dépouille mortelle de Molière, dit M. Fillon, est encore dans le lieu où elle fut confiée à la terre. » C'est-à-dire, par conséquent, en quelque coin, sous les dalles du marché placé, comme vous savez, entre la rue Saint-Joseph et celle du Croissant. Peut-être n'est-elle plus même là.

Une note de La Borde, à laquelle on n'a pas fait, ce me semble, assez d'attention, dit positivement qu'au milieu du dernier siècle le cercueil de Molière et celui de La Fontaine, autre maudit, dont on avait exilé les restes dans le même asile, furent enlevés de la place où ils se trouvaient, pour en occuper une plus digne : « Vers l'année 1750, dit-il, après avoir parlé des deux poëtes, en creusant une fosse dans le cimetière, on trouva leurs cercueils et on les transporta dans l'église où ils sont encore[1]. » Reste à savoir où ils passèrent, quand on les enleva de Saint-Joseph, démoli en 1793.

Ce qui me paraît certain, c'est que, comme

---

1. C'est en 1780, que La Borde écrivait cela dans ses *Essais sur la musique*, in-4°, t. IV, p. 252.

les recherches, au moment où l'ordre vint de retrouver les précieuses dépouilles, furent faites dans le cimetière et non dans l'église, on dut transporter au Père-Lachaise, non pas La Fontaine et Molière, mais deux inconnus.

Revenons maintenant au *Registre* de La Grange, pour quelques faits moins funèbres, et tout aussi curieux.

IV

Si l'on veut être bien au fait de tout ce qui regarde le théâtre de Molière : les droits d'auteur, les parts de comédiens, les frais divers, y compris la dépense des chandelles, c'est à ce *Registre* qu'il faut s'adresser. Les événements, heureux ou malheureux, s'y traduisent en chiffres, ou bien se reflètent avec leurs nuances diverses dans la teinte de ces hiéroglyphes que je vous ai fait connaître.

Quelquefois, et ce n'est jamais inutile, La Grange ajoute trois ou quatre phrases pour compléter le sens du cercle barbouillé de bleu, qui est un signe de joie, ou de la losange teinte en noir, qui indique un malheur.

Le 11 octobre 1660, c'est-à-dire environ deux ans après le retour de Molière à Paris avec sa troupe, la losange en deuil pour la première fois s'allonge dans la marge du registre.

Ce qui survint alors à la compagnie comique et à son chef est, en effet, chose fort triste, comme vous allez voir.

Lorsqu'ils étaient arrivés à Paris en 1658, Monsieur, frère du roi, leur avait accordé l'honneur de sa protection, et, de plus, le titre de ses comédiens. Il avait même encore promis à chacun 300 livres de pension. C'est La Grange qui nous l'apprend dans son *Registre*. Il est vrai qu'il ajoute en marge : « NOTA.—*Les trois cents livres n'ont pas été payées*[1]. »

---

[1]. Le frère du roi ne fut jamais plus exact pour ses comédiens. Croyant les avoir assez récompensés par l'honneur qu'il leur avait fait en se les attachant, il ne les payait pas d'autre manière. Le 24 mars 1660, La Grange écrit : « Monsieur et Madame doivent quatre loges; » à la septième représentation de *l'École des femmes*, il écrit encore : « Monsieur doit trois loges. » Quand il payait, il payait mal. Le 26 novembre 1661, ayant fait venir Molière *en visite* pour jouer *les Fâcheux* et *l'École des maris*, il ne lui donna que 25 louis, qui, à 11 livres chacun, faisaient 275 livres. C'était peu,

Mais cela n'est rien. Peu importe à Molière cette subvention. Il se sent assez de talent comme acteur, assez de génie comme auteur, pour se payer sur le public. Ce qu'il veut, c'est une salle, et on la lui a donnée. Pendant deux ans, avec des vicissitudes diverses, dont le chiffre des recettes recueilli par La Grange est l'exact thermomètre, il a joué dans cette grande salle du Petit-Bourbon, qui, comme dit Sorel, « jette sur la rivière, » et dans laquelle on avait, avant lui, vu tant de danses, tant de ballets, mais si peu de comédie [1]. Vous la connaîtrez comme il faut pour peu que vous lisiez certains chapitres du *Francion* [2], et quelques pages du *Mercure françois* [3].

car dix jours après l'abbé de Richelieu, pour une *visite* de la troupe en son hôtel, donna 500 livres quoiqu'on ne lui eût joué que *l'École des maris*. Il est vrai que l'abbé avait ses raisons pour être si généreux. Il coquettait alors autour d'Armande, qui, dit-on, ne le fit pas trop languir. V. *la Fameuse Comédienne*, p. 12.

1. V. nos *Énigmes des rues de Paris*, p. 80-81.
2. *Histoire de Francion*, 1673, in-12, p. 246-255.
3. T. IV. p. 9-10. — Les frères Parfaict dans leur *Histoire du Théâtre françois*, t. VIII, p. 259, reproduisent la description du *Mercure* dont voici les principaux traits : « Le théâtre au Petit-Bourbon étoit de six pieds de hauteur, de huit toises de largeur et d'autant de profondeur. » La salle avait « dix-huit toises de lon-

Molière n'y est certes pas à l'aise, mais, tant bien que mal, il y peut jouer, du moins, ses *Précieuses*, son *Étourdi*, son *Dépit amoureux*, puis quelques farces qu'il a rapportées de province. Il n'en demande pas davantage. Malheureusement, malgré ses vœux modestes, il n'est pas longtemps tranquille. Alors déjà l'on démolissait beaucoup dans le quartier du Louvre, et cela pour des embellissements que nous n'avons vu achever qu'aujourd'hui, c'est-à-dire tout juste deux siècles après l'époque dont il s'agit ici. Pour accomplir ce grand « dessein du Louvre, » comme on disait en ce temps-là, il fallait d'abord jeter par terre le Petit-Bourbon, et par conséquent donner congé à Molière. Ce fut bientôt fait : au lieu d'huissiers pour lui signifier l'ordre de déguerpir, M. Ratabon, surintendant des bâtiments du roi, lui envoya des ouvriers chargés de démolir, si bien qu'il apprit réellement qu'il devait quitter la maison lorsque la maison avait elle-même commencé à le quitter.

gueur sur huit de largeur, au bout de laquelle il y a encore un demi-rond de sept toises de profondeur sur huit et demie de large, le tout en voûte semée de fleurs de lys. »

Il porta plainte au roi, mais sa supplique alla si lentement et les ouvriers de M. Ratabon si vite, que pour le remettre en possession du Petit-Bourbon, il aurait fallu le rebâtir. On aima mieux lui chercher une autre salle. On songea d'abord à celle des Tuileries, où les grandes pièces à machines avaient été jouées du temps de Mazarin. Elle était dans un état déplorable, et demandait les plus importantes réparations. Sur la prière de Molière on en fit le calcul, qu'il approuva, mais avec des réserves : « Ce devis, écrivit-il au bas, me paroît bien entendu, reste à sçavoir dans quel temps on rendroit les ouvrages [1]. »

La réponse à cette question de Molière ne fut sans doute pas satisfaisante, car à peu de temps de là nous voyons qu'on ne songe plus, pour lui, à la salle des Tuileries, et qu'on s'occupe, au contraire, de celle du Palais-Royal [2]. Elle était fort belle, et très-vaste,

---

[1]. M. Chambry possède l'original de cette pièce, l'un des plus longs autographes de Molière que l'on connaisse.

[2]. Cette salle, dont l'Opéra prit possession, comme on sait, après la mort de Molière, était située à l'opposite de celle du Théâtre-Français actuel, du côté de la rue des Bons-Enfants.

digne enfin de Richelieu qui l'avait fait construire pour les représentations de sa *Mirame*. Par malheur, depuis les grandes fêtes dramatiques du cardinal, elle n'avait pas beaucoup servi, et se trouvait, elle aussi, dans le plus pitoyable état.

« Il y avoit, dit La Grange, trois poutres de la charpente pourries et estayées, et la moitié de la salle découverte et en ruine. »

Point de loges, point de décors, point d'accessoires. Molière crut pouvoir y suppléer en transportant là tout le matériel de la salle du Petit-Bourbon, Monsieur le lui avait fait accorder. Mais au moment où, après avoir emménagé au Palais-Royal tout l'attirail des accessoires et des loges, il allait en faire autant des décors et des machines, Vigarani, machiniste du roi, s'y opposa.

Il prétendit que machines et décorations pouvaient encore être utilement employées sur le grand théâtre du roi, aux Tuileries, quand il aurait été réparé. Sous ce prétexte, il les accapara. Ce qu'il voulait en réalité, c'était les faire disparaître.

Ces machines et ces décors, qui avaient servi aux grandes pièces à spectacle, telles que l'*Orfeo* des Italiens et l'*Andromède* de Corneille [1], étaient des merveilles pour le temps. On les devait à Torelli [2], et Vigarani, qui lui avait succédé, désespérait d'en jamais faire qui pussent les égaler, comme ingéniosité de mécanisme et magnificence de spectacle. Mieux valait donc les détruire, et c'est en effet pour cela que l'envieux machiniste s'en emparait. « Il fit brûler ces décorations jusqu'à la dernière, lisons-nous dans le *Registre* de La Grange, afin qu'il ne restât rien de l'invention de son prédécesseur, qui étoit le sieur Torelli, dont il vouloit ensevelir la mémoire. »

Molière fut la première et la plus directe victime de ce vandalisme par jalousie. Quoique la salle qu'on lui donnait pour nouvel asile fût assez peu hospitalière, puisque la toiture manquait à moitié, il y aurait, sans désemparer, repris ses représentations. N'avait-il pas maintes fois joué dans des granges, lorsqu'il courait la province ? Il s'y serait cru encore. L'absence des décors fut un obstacle insurmontable.

1. V. l'Introduction de *Corneille à la Butte Saint-Roch*, p. LXXXVI et l'*errata*.

2. V. sur lui notamment Loret, *Muze historique*, du 16 août 1653.

Il ne put ouvrir, et pendant plusieurs semaines sa troupe et lui restèrent sur le pavé. Les compagnies rivales de l'Hôtel de Bourgogne et du Marais, qui, depuis deux ans, jalousaient sa fortune, mirent à profit cette vacance par force pour tâcher d'attirer à elles quelques-uns de ses comédiens, et ainsi faire en sorte que Molière, après avoir eu quelque temps une troupe sans théâtre, n'eût plus ensuite, au moment d'ouvrir, qu'un théâtre sans troupe. L'amitié dont l'entouraient ses camarades, et que ses bontés pour eux lui avaient méritée, le sauva de ce nouvel ennui.

« Toute la troupe demeura, dit La Grange; tous les acteurs, ajoute-t-il, aimoient le sieur Molière, leur chef, qui joignoit à un mérite et une capacité extraordinaires, une honnêteté, une manière engageante qui les obligea tous à lui protester qu'ils vouloient courir sa fortune, qu'ils ne le quitteroient jamais, quelque proposition qu'on leur fît, et quelques avantages qu'ils pussent trouver ailleurs. »

V

En plus d'un endroit du *Registre* on trouve des preuves de cette bonté de Molière, de ces manières engageantes et libérales dont La Grange vient de rendre témoignage. Il n'a cependant pas tout dit à ce sujet. Ce que Molière eut, par exemple, d'inépuisable bonté pour le jeune Baron n'a presque pas laissé de trace dans le *Journal* de l'exact comédien. Nous y suppléerons.

L'entrée de Baron chez Molière, qui l'enleva, par commisération, à la *troupe Dauphine* de la Raisin, où il était moins comédien que bateleur; la jalousie d'Armande contre cet enfant de treize ans dont l'amitié consolait Molière; les querelles qui en résultèrent[1], et par suite le départ forcé du petit comédien sont des faits bien connus, et sur lesquels, par conséquent, je n'insisterai pas. Je ne m'occuperai que du retour de Baron et des nouvelles bontés que Molière eut pour lui.

---

1. V. *la Fameuse Comédienne*, p. 32-33.

Après s'être remis quelque temps dans la troupe de la Raisin, il s'était enrôlé dans une autre plus importante, qui courait la Bourgogne, de Dijon à Mâcon. La Beauval et son mari en faisaient aussi partie. C'était assez, surtout quand Baron se fut joint à eux, pour que cette troupe eût de grands succès. Molière, qui ne s'en fût pas occupé si Baron n'y eût été, mit tout en œuvre pour que ce succès lui revînt. Il en parla au roi, lui dit que le départ de Béjard[1] allait laisser une vacance dans sa troupe, qu'une des quinze parts

1. C'était Louis, le cadet des Béjard. Il sortit de la troupe à Pâques de 1670, et fut mis à la pension de 1000 livres. « Cette pension, dit La Grange, a été la première établie, à l'exemple de celles qu'on donne aux acteurs de l'Hostel de Bourgogne. Le contrat en a été passé devant M. Le Vasseur, notaire, rue Saint-Honoré, près la barrière des Sergents, le xvi° avril 1670. » L'acte a été retrouvé au mois d'août 1859, par M° Simon, dans les vieux cartons de son prédécesseur M° Le Fer, dont l'étude était celle de Le Vasseur. Elle n'avait pas quitté la rue Saint-Honoré. Seulement du voisinage de la barrière des Sergents, vers la rue du Coq, elle était passée aux environs de Saint-Roch. L'acte est signé de tous les sociétaires, en tête desquels se trouve Molière. Il porte que leurs successeurs devront continuer le payement de la pension. Ce fut cette fois une clause presque inutile. Louis Béjard était m ot huit ans après.

y serait à prendre [1], et qu'une seizième y pouvait fort bien être créée sans préjudice pour les autres, et le roi fit ce qu'il voulut, c'est-à-dire qu'il fit écrire deux ordres par Colbert : l'un qui partit vers Pâques, de 1670, et fut aussitôt suivi du retour de Baron [2]; l'autre qui fut expédié le 31 juillet aux deux Beauval alors à Mâcon, et fut aussi promptement exécuté [3]. Baron eut part entière et la Beauval de même; mais le mari, qui valait moins, une demi-part seulement [4].

Les soins de Molière pour Baron recommencèrent plus empressés que jamais. « On ne peut s'imaginer, dit Grimarest, avec quel

---

1. On voit par une note de La Grange, au mois d'août 1662, qu'il y avait, en effet, quinze parts dans la troupe. Molière comptait pour deux. La Grange, à cet endroit, se plaint que le roi voulant faire un présent à chacun de la troupe n'a donné que 14,000 livres, comme s'il n'y avait que quatorze parts.

2. La Grange constate qu'après Pâques (1670) Molière manda Baron de la campagne « qui se rendit à Paris, après avoir reçu une lettre de cachet. »

3. Cet ordre jusqu'alors inconnu a été publié par Depping fils dans la *Correspondance administrative de Louis XIV*, t. IV, p. 591.

4. « M. de Molière, dit La Grange, manda de la même troupe de campagne M. et mademoiselle de Beauval, pour une part et demye. »

soin il s'appliquoit à le former dans les mœurs, comme dans sa profession. » Il alla, en effet, jusqu'à lui faire donner des leçons de musique aux frais de la compagnie [1]. Baron, en 1673, avait un *maître à chanter* payé par le théâtre. Enfin, « il n'oublia rien, dit encore Grimarest, pour le remettre en son lustre. »

Ici se place un fait nouveau et fort curieux. Le jeune comédien n'était revenu ni riche ni bien vêtu. Molière lui ouvrit sa bourse, et lui donna les moyens d'avoir une garde-robe. Celle d'un vieux comédien nommé Filandre, qui avait eu de la réputation en son temps [2], se trouvait justement à vendre. Molière jugea l'affaire bonne, et pour que Baron ne pût la manquer, il se fit sa caution vis-à-vis de Filandre. Il aurait pu sans doute payer la somme, mais il trouvait plus honorable que le jeune

---

[1]. On lit dans le *Registre* de La Thorillière qui complète si bien celui de La Grange : « 10 janvier 1673, à M. Baron, pour deux mois de musique, 15 livres. 15 sous. — 10 février 1673, à M. Baron, pour son maître à chanter, 22 livres. » — La Grange et Armande chantaient fort bien. Ils faisaient surtout merveille dans *le Malade Imaginaire*. V. les *Entret. gal.*, t. II. p. 90.

[2]. « Il y a aussy dans une autre troupe, dit Tallemant, un nommé Filandre, qui a de la réputation, mais il ne me semble pas naturel. » Édit. P. Pâris, t. VII, p. 178.

homme la donnât, dans le délai fixé, sur l'argent qu'il gagnerait. Il s'agissait de 300 livres, somme assez ronde alors, aussi fallut-il pour la sûreté de la créance un acte en bonne forme, et par-devant notaire : « le sieur Monchaingre, dit Fillandre et demoiselle Moinier, sa femme, » y comparurent d'une part, et Baron, cautionné par Molière, de l'autre. Le jeune comédien ne se hâta pas de s'acquitter et de décharger son maître de sa responsabilité de complaisance. Quand Molière mourut, la créance n'était pas remboursée.

Elle avait changé de maître, elle se trouvait en des mains plus habiles, plus terribles que celles du vieux Filandre. Rollet, le fameux Rollet, à qui il ne suffisait pas de son métier de procureur pour être le fripon fieffé dont a parlé Boileau [1], mais qui, par surcroît, par cumul d'escroquerie, s'était fait usurier, avait acheté de Filandre son titre contre Baron et Molière.

La créance dès lors ne fut plus inactive. On en parla bientôt au Châtelet. Baron fut vivement actionné, et Molière par contre-coup ;

---

1. On sait son vers :

J'appelle un chat un chat, et Rollet un fripon.

V. sur ce type, alors fameux, une note du *Roman bourgeois*, édit. Jannet, p. 40-42.

sentence fût prise, car Rollet ne négligeait rien et allait vite; Molière mourut, et comme Baron était toujours hors d'état de payer, la dette fut à la charge de la succession du grand homme. Sa femme l'acquitta enfin le 3 juin 1673, avec les dépens et les intérêts qui l'avaient singulièrement grossie [1].

L'obligeance de Molière qui avait, cette fois, été une imprudence, se faisait souvent discrète, afin que le service rendu ne fût pas une blessure pour l'amour-propre. C'est ainsi qu'il se conduisit avec son père, en 1668.

Le vieux Poquelin n'était pas riche alors. Ses affaires, longtemps florissantes, avaient cessé de l'être. Il s'était retiré chez son gendre, André Boudet, dans sa maison des Petits-Piliers, en face du pilori [2], et il y com-

---

1. M. Fossé d'Arcosse possédait toutes les pièces de cette curieuse affaire. V. le volume consacré à sa collection, sous ce titre : *Mélanges curieux et anecdotiques, tirés d'une collection d'autographes*, 1861, in-8°, p. 396, n° 779. Où cet impayable dossier avait-il été trouvé? chez un charcutier d'Auteuil qui le vendit à l'expert en autographes, M. Fontaine, avec une foule d'autres pièces peut-être plus précieuses encore. (F. de Conches, *Causeries d'un curieux*, t. II, p. 485.)

2. Il n'est plus douteux, d'après les notes de Beffara, t. III, p. 165, que cette maison du père de Molière,

battait de son mieux la mauvaise fortune.

Molière, pour lui venir en aide, lui avait donné la pratique du théâtre et lui payait grassement ses mémoires [1]. Ce n'était pas assez, il vit bien sans qu'on le lui dît que l'argent manquait dans la maison des Petits-Piliers. En offrira-t-il à son père? ce serait pour être refusé, car M. Poquelin a jadis trop maudit le théâtre pour vouloir d'un argent dont ce serait la source. Molière fait mieux. Il envoie chez son père un de ses meilleurs amis, Rohault, le savant, que M. Poquelin et Boudet, son gendre, connaissaient sans doute. Rohault, à qui il a fait la leçon, demande si l'on ne pourrait pas lui enseigner quelque bonne hypothèque pour une somme de dix mille livres qu'il voudrait placer. Le père Poquelin offre sa maison encore franche d'hypothèque, Rohault accepte et le service est rendu [2].

aux Halles, se trouvait non où l'on croit, mais loin de là, tout près de la rue de la Réale. Il prouve que Regnard, dont le père était épicier marchand de salines, naquit le 8 février 1655, dans une des maisons les plus voisines de celle-là.

1. V. le *Registre* de La Grange aux mois de juin et juillet 1663.

2. L'obligation des 10,000 livres souscrite pour Molière, au nom de Rohault, est du 24 octobre 1668.

On ne sut la généreuse supercherie de Molière que bien plus tard, en 1720, quand la maison fut vendue par sa fille.

Toujours obligeant, il prêtait même aux riches. C'est ainsi que deux ans après, nous le voyons qui vient, par une somme de 11,000 livres, en aide à Lulli, dont, sans cet argent, la maison, commencée au coin des rues Sainte-Anne et des Petits-Champs, n'aurait pu être achevée.[1] L'acte, qui consacre ce prêt, fut découvert pour la première fois, en 1825, par l'infatigable Beffara[2].

1. V. notre Introduction de *Corneille à la Butte-Saint-Roch*, p. CLIII. Lulli avait acquis le terrain par acte du 13 juin 1670. Sa veuve occupa la maison jusqu'à sa mort, le 3 mai 1720.

2. « Molière, dit-il au t. III, p. 9 de ses *Mss*., avait prêté à Lully, suivant contrat de constitution du 94 décembre 1670, une somme de 11,000 livres. Elle fut remboursée par Lully avec les arrérages, suivant une quittance du 22 may 1692 à demoiselle Claire-Élisabeth-Armande-Gresinde Béjard, veuve de Molière, tant en son nom que comme tutrice de leur fille mineure, en présence de André Boudet, subrogé-tuteur de ladite mineure, sa nièce. » Dans le même volume, à la page 39, Beffara dit tout joyeux : « On espère se procurer l'inventaire après le décès de Molière, » puis il ajoute plus triste : « Il n'y a pas eu moyen. » Cette heureuse chance était destinée à M. Eudore Soulié, qui nous en fera bientôt partager les résultats.

VI

Si les riches pouvaient compter sur Molière, les pauvres à plus forte raison.

Un jour de l'année 1663, La Calprenède s'en vint le trouver mal vêtu, malade, sans ressource d'aucune sorte, et hors d'état de pouvoir s'en créer. Toute sa fortune présente était un rêve de tragédie, qu'il réaliserait, disait-il, et dont il ferait un chef-d'œuvre pour peu qu'il lui revînt quelque force et quelque argent. Molière accepta l'hypothèque. Il prêta l'argent, huit cents livres, somme assez forte alors, et le pauvre poëte s'en alla content[1]. Peu de temps après il était mort, emportant la tragédie et la somme. Molière eut des regrets pour le poëte mort, pas un pour l'argent perdu.

Partout où il y avait des pauvres, il savait

---

[1]. Voici à ce sujet le texte même du *Registre* de La Grange, à la fin de 1663 : « Payé à M. de La Calprenède, pour une pièce de théâtre qu'il doit faire, la somme de 800 livres que M. de Molière avait avancée. »

placer des charités; le curé de sa paroisse reçut plus d'une aumône de cet excommunié. Sa troupe l'imitait, et les malheureux avaient ainsi bien des fois une forte part dans les profits du théâtre. A la fin de l'année théâtrale de 1661-1662, on lit, par exemple, cette mention sur le *Registre* : « Donné au curé de la paroisse cent livres pour les pauvres. »

Les capucins participaient à ces bienfaits profanes. Je trouve sur le *Registre,* à la date du 14 octobre 1661 : « Donné aux capucins sept livres dix sols. »

Une autre fois, le 25 mai 1663, c'est un louis qui est accordé aux mêmes religieux, bien que la recette n'eût pas été forte. Elle ne s'était élevée qu'à 265 livres. En outre de ces aumônes, ils avaient presque chaque jour à partager entre eux et les pauvres, suivant M. Taschereau; « les reliquats impartageables des chambrées. »

D'autres moines, non moins nécessiteux, les cordeliers, envièrent ces grasses aubaines, et adressèrent aux comédiens la requête que voici :

« Chers frères, les Pères Cordeliers vous supplient très-humblement d'avoir la bonté de les mettre au nombre des pauvres religieux à qui vous faites la charité. Il n'y a point de communauté à Paris qui en ait un plus grand besoin, eu égard à leur nombre et à l'extrême pauvreté de leur maison. L'honneur qu'ils ont d'être voisins leur fait espérer que vous leur accorderez l'effet de leurs prières, qu'ils redoubleront pour la prospérité de votre chère compagnie. »

On ne sait quel fut le résultat de cette requête ; mais ce qui est certain, c'est que les capucins continuèrent de prélever leur dîme sur les recettes, et que peu à peu l'aumône bénévole finit par devenir obligatoire. Il n'y manqua plus qu'une ordonnance du roi. Elle fut rendue le 25 février 1699, et le droit des pauvres, né d'une charitable pensée de Molière, fut ainsi définitivement créé.

Pas un malheur dans son théâtre, sans qu'un secours suivît aussitôt ; pas une misère à laquelle on ne vînt en aide. Maintes fois, dans le *Registre* de La Thorillière, qui est, sur ce point, plus prodigue de détails que celui de La Grange, on lit une mention comme celle-ci : « Une charité, 11 livres. » C'est-à-dire un louis. On indique quelquefois le motif du secours donné. Ainsi dans un endroit La Thorillière écrit : « Pour charité à un chandelier[1] brûlé, 11 livres. » Ailleurs, le nom seul de la personne secourue et la nature du secours sont mentionnés : « Habit fait par charité à la petite Duclos, 27 liv., 10 s.[2].

1. C'est ainsi, sans doute, qu'on appelait le pauvre diable qui avait cet emploi de *Moucheur de chandelles* que nous avons vu exercer chez Molière, en province, par l'ex-pâtissier Ragueneau. Il y en avait deux dans chaque troupe ; ils étaient dans celle de Molière sous les ordres du décorateur Mathieu. « Ils doivent, dit Chapuzeau, parlant de leur emploi, s'en acquitter promptement, pour ne pas faire languir l'auditeur entre les actes, et avec propreté, pour ne pas lui donner de mauvaise odeur. L'un mouche le devant et l'autre le fond, et surtout ils ont l'œil que le feu ne prenne pas aux toiles. » (*Théâtre françois*, chapitre des *Bas officiers*, p. 237.)

2. Ce détail sur le prix d'un costume est intéressant. On en trouve d'autres du même genre dans le *Registre de La Thorillière* : « 29 juin 1663, une chemise jaune de l'habit de Georgette (*l'École des femmes*), 7 livres. — 1ᵉʳ juillet, pour l'habit nouveau de Georgette, 9 livres. — 6 juillet, pour un reste de l'habit de Georgette, 1 livre 5 sols. — 24 août 1664, M. de Molière, pour l'habit de madame Pernelle, 46 livres 10 sols. » Dernier fait, dont, en son lieu, nous ferons ressortir l'importance. — Molière avait une garde-robe considérable et très-variée. L'inventaire sans doute le prouvera. Dans la seule pièce des *Fâcheux*, par exemple, où il représentait tous les types à ridiculiser, il jouait sept rôles, et avait par conséquent sept costumes. *Outre cela*, dit

—A M. Rouan pour la petite Chasteauneuf, 60 liv., à quoi la compagnie s'était obligée. »

VII

Ce que nous allons maintenant extraire du *Registre* de La Grange aura trait surtout à la fortune de Molière, et aux sommes qu'il reçut comme auteur et comme acteur.

Il y a trois ans, un de nos bons recueils, le

Robinet, parlant d'une représentation de cette pièce, sous la date du 18 août 1668 :

> *Outre cela, sous* sept habits,
> *Ce brave auteur, le sieur Molière,*
> *Joua de façon singulière.*

Barillon, nous l'avons dit plus haut, était le tailleur de la troupe, surtout pour les ballets. Ainsi, pour celui du *Mariage forcé*, il fit vingt-cinq habits et reçut 319 livres. Mais Molière avait son tailleur particulier auquel nous le voyons payer une somme assez ronde, le 18 novembre 1670, pour les habits qui lui avaient servi aux divertissements de Saint-Germain, dans le carnaval précédent (V. *Catal. d'autogr.*, 13 janvier 1854, p. 94). Il avait attendu, pour payer, les 12,000 livres que lui valurent de la part du roi, ce voyage et celui de Chambord au mois d'octobre de la même année.

Magasin pittoresque [1], s'en est déjà occupé, en puisant à la même source. Nous reprendrons les mêmes faits, et nous en ajouterons quelques autres d'origine pareille ou différente.

Les droits d'auteur n'étaient pas, il s'en faut de beaucoup, réglés comme aujourd'hui. Le plus souvent, on donnait un prix convenu pour une tragédie ou pour une comédie, et la pièce appartenait aux comédiens [2].

On lit, par exemple, dans le *Registre*, à la date du 4 mars 1665 : « ATTILA, tragédie de Pierre Corneille, pour laquelle on lui donna 2,000 livres, prix fait. » Pour *Bérénice*, qui fut aussi jouée par la troupe de Molière, il

1. T. XXVIII, p. 278-280.
2. « Quelquefois, lit-on dans le *Théâtre françois* de Chapuzeau (p. 86), les comédiens payent l'ouvrage comptant, jusqu'à 200 pistoles et au delà, en le prenant des mains de l'auteur et au hazard du succès. » Seulement, les comédiens, déjà prudents, ne couraient volontiers ce hasard qu'à coup sûr. Chapuzeau le sut par lui-même. Ayant fait une comédie, *le Riche impertinent*, il ne put la vendre un prix fait. On la lui joua, mais avec simple part sur la recette. Elle fut donnée huit fois et lui rapporta 220 livres 10 sols. Nous prouverons tout à l'heure que, pour les auteurs dont on pouvait douter, même pour Racine à ses commencements, on ne procédait pas d'autre sorte.

reçut la même somme en 1670 : « Le 28 novembre, dit encore La Grange, *Bérénice*, de Pierre Corneille, dont on lui a payé, prix fait, 2,000 livres [1]. »

Ces sommes payées ne s'appelaient pas alors *droits d'auteurs*, mais *présents* des comédiens aux auteurs. Cela était plus poli et engageait moins. Les choses se passaient du reste comme pour un présent galant. On ne vous disait pas brutalement : « Passez à la caisse » ; mais, très-poliment on vous mettait dans la main la somme convenue, renfermée dans une jolie bourse. Ainsi nous lisons dans le *Registre*, à je ne sais plus quelle date de l'année 1662 : « La troupe a donné à M. Boyer, pour la tragédie de *Tonaxare*, 100 demi-louis dans une bourse brodée d'or et d'argent. » Comme le louis était alors de 11 livres et le demi-louis, par conséquent, de 5 livres 10 sous, les 100 demi-louis donnés à Claude Boyer formaient une somme de 550 livres. C'était bien moins que pour la *Bérénice* de Corneille, mais c'était encore trop pour cette pièce qui, jouée l'année d'après sous le titre de *Orospate* ou *le Faux Tonaxare*, n'obtint pas le moindre succès.

1. V. l'Introduction de *Corneille à la Butte Saint-Roch*, p. LXXXV-VI.

Les comédiens durent perdre sur leurs 550 livres trop tôt données.

Quand ils avaient affaire à un jeune auteur qui n'avait pas encore fait ses preuves, ils ne voulaient pas courir de pareils risques. Au lieu d'une forte somme une fois payée, ils lui donnaient, comme cela se fait aujourd'hui, une part sur la recette [1].

Chaque acteur associé recevait par représentation une part ; mais le travail de l'auteur était estimé au double. Au lieu d'une, ce sont deux parts qu'il avait à toucher. Racine, comme nous l'apprend une note de La Grange, à la date du 20 juin 1664, fut payé sur ce pied-là pour *la Thébaïde,* sa première tragédie.

Les mêmes conditions lui furent faites pour sa seconde, l'*Alexandre.* En pareil cas, l'auteur n'était pas lié définitivement avec les comédiens, et gardait sur sa pièce une propriété qu'il eût perdue au contraire en recevant un *prix fait,* comme Corneille et Boyer tout à l'heure. C'est pour cela sans doute que

---

[1]. Le nombre des parts, proportionné à celui des acteurs, varia souvent chez Molière. Au mois d'août 1662, on en comptait quinze, en janvier 1670, il n'y en avait plus que douze, et peu de temps après on était revenu à quinze, puis à seize.

Racine crut pouvoir, sans autre formalité, porter son *Alexandre* au théâtre de l'Hôtel de Bourgogne, quinze jours après que la première représentation en eût été donnée sur le théâtre du Palais-Royal[1]. C'était son droit, mais vis-à-vis de Molière, qui lui avait fait un accueil et donné des encouragements mêlés de conseils qui lui montrèrent la voie et fixèrent son avenir, il n'en devait pas user.

Racine, qui connaissait les anciens, eût dû se souvenir de la belle parole de Cicéron, si bien de mise en cette circonstance : *Summum jus, summa injuria*.

Molière, pour ses pièces, s'en tint d'abord à la méthode du prix une fois payé, mais,

---

[1]. On trouve, à ce sujet, une note sèchement amère dans le *Registre* de La Grange. Il écrit d'abord : « VENDREDI 4 *décembre* (1665), première représentation du *Grand Alexandre et de Porus*, pièce nouvelle de Racine. » Puis, à la page suivante, on lit : « VENDREDI 18 *décembre*. Ce jour, la troupe fut surprise que la même pièce d'*Alexandre* fût jouée sur le théâtre de l'Hôtel de Bourgogne. Comme la chose s'étoit faite de complot avec M. Racine, la troupe ne crut pas devoir des parts d'auteur audit M. Racine qui en usoit si mal, que d'avoir donné et fait apprendre la pièce aux autres comédiens. Lesdites parts d'auteur furent réparties, et chacun des acteurs eut pour sa part 47 livres. »

lorsque le succès lui eût appris qu'il y avait plus d'avantage à toucher chaque soir des droits proportionnels sur la recette, c'est à ce dernier système qu'il s'arrêta. Son droit fut alors de deux parts sur le produit de la représentation.

A Paris, il ne toucha rien pour *l'Étourdi* et pour *le Dépit amoureux*, qu'il avait fait jouer en province, et que sa troupe lui avait payés une fois pour toutes. *Les Précieuses*, première pièce vraiment nouvelle qu'il fit représenter au Petit-Bourbon, lui valurent 1,000 livres, mais non pas en une seule somme. La troupe n'était pas assez riche pour donner tant d'argent d'un seul coup. D'abord, le 6 décembre 1659, il reçut 500 livres, puis, six semaines après, le 16 janvier, 214 livres. Les à-comptes ensuite sont moins forts, mais plus rapprochés : le 18 janvier, il touche 110 livres ; le 20, il en reçoit 128, plus 10 sous, et enfin, peu après, pour compléter la somme, on lui donne encore 47 livres 10 sous.

Pour *Sganarelle*, il reçut 1,500 livres en trois à-comptes de 500 livres chacun : l'un le 13 juin 1660, l'autre le 13 août, le troisième le 7 décembre.

L'École des maris et *l'École des femmes*, pour lesquelles il avait adopté la méthode des deux parts d'acteur sur la recette, lui valurent : l'une 2,929 livres 4 sols ; l'autre, dont le succès avait été bien plus grand, 6,511 livres 19 sols.

Les Fâcheux ne furent pas une trop mauvaise affaire. Ils lui firent toucher 1,100 livres d'abord, puis 228 pour ses deux parts d'auteur et d'acteur à prélever sur les 1,500 données par le roi pour une représentation de la pièce, en 1662 ; puis l'an d'après, 209 livres encore sur les nouvelles représentations, et enfin une dernière somme sur un nouveau présent du roi, bien plus considérable que le premier. Ce n'était pas moins que 4,000 livres, sur lesquelles Molière, auteur et acteur, en préleva 880. Nous avons ainsi, pour cette pièce, la somme assez ronde de 2,417 livres.

Il y faudrait joindre ce que Molière dut recevoir pour les représentations qui en furent données, *en visite,* chez diverses personnes, mais cela nous mènerait trop loin. Toutes ces représentations d'ailleurs ne furent pas fructueuses. Celle qui aurait dû rapporter le plus ne rapporta rien. Je parle, on le devine, de la magnifique fête du surintendant à Vaux, au mois d'août 1661, dont *les Fâcheux* dans toute leur primeur furent le principal attrait.

Fouquet payait fort bien. Pour une visite où l'on avait joué *l'Étourdi* et *Sganarelle*, il avait donné 500 livres; pour le voyage à Vaux qui avait précédé d'un mois celui dont nous parlons, chaque acteur avait reçu 115 livres de part. Cette fois, rien ne fut versé. La débâcle du Mécène survint entre la fête donnée et le payement. La Grange écrivit sur son registre : « Revenu le samedi xxie dudit mois, reçu..... » La somme resta toujours en blanc.

Molière est le premier pour qui la fortune de Fouquet fit banqueroute.

Une particularité curieuse est à signaler pour les sommes que *les Fâcheux* rapportèrent à Molière, c'est que le *Registre* dit à chacune : « Remis à mademoiselle Béjard pour M. de Molière. » L'association, qui n'avait pas cessé entre eux, explique le fait.

La Béjard, qu'un intérêt d'affaire autant qu'un intérêt d'amour avait, nous l'avons dit, liée à Molière, était restée sa caissière, lorsqu'elle n'avait plus été sa maîtresse. Elle surveillait d'autant mieux sa fortune à cette époque des *Fâcheux*, que peu de mois après il devait épouser sa fille Armande [1].

---

1. Elle avait fort à cœur les intérêts et le bonheur de

VIII.

Il serait trop long et trop ennuyeux de vous dire ce que reçut Molière pour chacune de ses comédies ; je ne vous parlerai donc que des plus importantes, et vous verrez que ce ne sont pas toujours celles qui lui valurent les sommes les plus considérables.

Pour *le Misanthrope*, par exemple, qu'il fit jouer à une époque où il avait adopté le système du droit proportionnel sur la recette, il ne toucha que 1,493 livres 14 sous !

Le Médecin malgré lui, donné la même année, lui rapporta davantage. Ce dut être un crève-cœur pour lui de voir que l'œuvre où il avait mis toute son âme lui valait moins d'argent qu'une farce où il n'avait eu que la peine de rajeunir les facéties et les lazzi d'une ancienne tabarinade, faite elle-même, comme nous le dirons plus loin, d'après un vieux conte.

Pour *les Femmes savantes*, il fut un peu plus heureux. Sa part d'auteur atteignit le

sa fille. Le mauvais ménage de Molière et d'Armande lui fut un si grand chagrin qu'elle en tomba malade et mourut. (*La Fameuse Comédienne*, p. 38.)

chiffre de 2,029 livres 12 sous. *Le Bourgeois gentilhomme* lui avait un peu moins rapporté; *Amphitryon* un peu plus, mais *l'Avare* avait été bien au-dessous. Molière, tout compte fait, ne reçut pour cette pièce que 1,124 livres 12 sous. Le public, prodigue pour tant d'autres comédies, s'était fait Harpagnon pour celle-là.

Tartuffe fut une meilleure affaire, comme on dirait aujourd'hui, et pourtant c'est un chef-d'œuvre! Jamais, depuis *l'École des Femmes*, qui, je l'ai dit, lui avait valu 6,511 livres 19 sous, Molière ne s'était vu à pareille fête.

Pour la première et unique représentation qui fut donnée de *Tartuffe*, avant l'interdiction de la pièce par M. de Lamoignon, il toucha 277 livres. Pour celles qui, deux ans après, en 1669, se suivirent sans interruption, il en reçut 6,594, ce qui fait en tout 6,871. Ce ne serait guère aujourd'hui; c'était beaucoup alors. Un auteur ne pouvait même espérer mieux.

Ce n'est pas tout; il faut à cette somme en ajouter une autre, dont ne parle pas le *Registre* de La Grange, et que nous trouvons mentionnée dans un opuscule fort peu connu d'un contemporain, Gabriel Guéret [1] : c'est celle de 200 pistoles que Molière aurait reçue de Ribou, libraire au Palais, pour la *brochure* de cette pièce. La somme était bonne ; aussi Ribou, l'ayant donnée, l'estima-t-il trop forte. Quoiqu'il vendît chaque exemplaire un écu [2], il se plaignit qu'il y avait perte pour lui dans cette affaire, et Guéret trouve que sa plainte est fondée. Pour lui, *Tartuffe,* au théâtre, valait certes ce qu'il rapporta, mais il est d'avis que 200 pistoles étaient un prix trop fort pour *Tartuffe* imprimé. « Une pièce, dit-il, peut être bonne pour les comédiens, et ne valoir rien pour les libraires. Quand elle sort du théâtre, pour aller au Palais, elle est déjà presque tout usée, et la curiosité n'y fait plus courir. »

IX

Dans le curieux article que nous citions tout à l'heure, on fait monter à un chiffre de

---

1. *La Promenade de Saint-Cloud, Dialogue sur les auteurs,* à la suite des *Mém.* de Bruys, t. II, p. 204-205.

2. *Gazette rimée,* 6 avril 1669.—Le privilége avait été accordé à Molière lui-même, et bien qu'il l'eût cédé à Ribou, chaque exemplaire portait : *Imprimé aux*

49,500 livres 17 sous les droits d'auteur perçus par Molière pour toutes ses pièces, depuis 1659 jusqu'à sa mort. Ajoutons-y les 2,000 livres qu'il reçut de Ribou ; joignons à ces deux sommes celle bien plus considérable qu'il toucha comme comédien, et qui ne s'élève pas à moins de 84,664 livres en treize années ; n'oublions pas ce qu'il touchait sur la pension faite par Louis XIV à sa troupe ; ce qu'il recevait comme valet de chambre du roi, comme homme de lettres pensionné, et nous arriverons à un total de 160,021 livres 19 sous. C'est un joli denier ; mais quand on songe qu'il fallut treize ans d'un double labeur pour le gagner, quand on le compare surtout aux profits d'aujourd'hui, on le trouve bien médiocre.

En outre de ce qu'il gagnait, Molière avait son avoir personnel, fortement entamé sans doute par ses aventures de jeunesse, mais non dissipé complétement. De quoi se composait-il, et quel en était le total ? je ne saurais le dire. Une rente de 300 livres constituée, en 1635, sur les Gabelles [1], et quelques créances

despens de l'autheur (sic). V. Sur, cette édition, un article de M. P. Lacroix, *Bulletin du Bibliophile*, 1861, p. 95.

1. On possède plusieurs quittances des arrérages de

peut-être même quelques biens dans la Brie, vers Melun [1], voilà tout ce que nous connaissons de la fortune personnelle de Molière.

N'eût-il eu que ce que lui rapportait le théâtre, on peut dire qu'il fut riche, surtout pour son temps. « En résumé, lisons-nous dans le travail cité, s'il n'a pas eu les trente mille livres que lui attribuait Voltaire [2], il a joui d'un revenu qui était encore, à l'époque de Louis XIV, celui d'un homme riche.

« Il avait des laquais, un carrosse, une ha-

cette rente, données par la femme de Molière, au nom de sa fille mineure. V. *Catal. des autogr.* de M. L..., 1844, in-18, p. 17; *Catal. des autogr.* de M. Collier de Beaubois, p. 8; *Catal. des autogr.*, provenant du cabinet de M. H..., 1854, in-8°, p. 107; *Catal. des autogr.* de M. L. Montigny, 1860, in-8°, p. 386. — M. Montigny fait observer qu'Armande s'y fait appeler « *veuve de feu sieur de Molière, escuyer,* titre et particule, dit-il, que le grand homme ne se donna jamais. »

1. M. La Jariette (V. le *Cat. de ses autogr.*, p. 249), possédait un acte notarié du 28 juin 1667, contenant « procuration donnée au sieur Claude Le Long, bourgeois de Melun, pour recevoir des sommes dues à Molière. » Cet acte porte la signature *rarissime* où le nom de Poquelin est en toutes lettres. Il ne signait ainsi que dans les actes d'affaires où il redevenait Poquelin.

2. Grimarest donne le même chiffre, mais Titon du Tillet, dans son *Parnasse,* 1727, in-8°, p. 255-256, ne dit que 25,000 livres de rente.

bitation aux champs, un bon train de maison; mais on sait l'honorable usage qu'il faisait de cette fortune. L'aumône était son habitude. » Nous en avons donné des preuves.

« On sait encore quelles distractions il y apportait, et cette histoire du pauvre dont la vertu lui a peut-être inspiré une des plus belles scènes de son *Don Juan* [1]. Sa main libérale fut toujours ouverte aux pauvres compagnons de ses travaux; il aida Racine de sa bourse; il consola par d'effectifs égards la vieillesse délaissée de Corneille [2]; il se chargea de l'éducation de Baron, joignant, suivant les termes précis de La Grange : « à un mérite, « à une capacité extraordinaires, une honnê- « teté et une manière engageante » qui relevèrent toujours sa générosité. »

Tout cela est fort bien dit, et, sauf quelques points, fort exact.

Je ne crois pas, par exemple, que Molière eût un carrosse. Grimarest parle de l'espèce de chaise roulante où il se faisait traîner, de la barque qui l'emportait à la dérive jusqu'aux

---

[1]. V. un de nos articles sur *Don Juan*, dans la *Revue française*, 20 mai 1858.

[2]. Introduction de *Corneille à la Butte Saint-Roch*, p. CXXXVI.

environs de la maison qu'il louait à Auteuil [1], mais il ne dit mot de son carrosse. Je doute, pour mon compte, que l'on en trouve un mentionné dans son Inventaire.

Ne croyant pas au carrosse, je ne crois pas aux laquais. Molière eut un valet, qu'il avait sans doute ramené du Midi, comme le donnerait à penser son surnom de Provençal [2]; mais, s'étant fatigué de ses distractions, après s'en être amusé quelque temps, il le renvoya

1. *Vie de Molière,* par Grimarest, en tête des Œuvres. Édit. A. Martin, 1845, in-8°, p. 73.—Était-ce toute une maison ou seulement un appartement avec jardin qu'il louait à Auteuil? Les détails me manquent sur ce point. Je sais qu'il s'y trouvait à l'entrée du village, du côté de la rivière, dans une partie que le parc de Praslin a depuis englobée. Les convives de Molière qui voulurent philosophiquement se noyer après le fameux souper dont on a tant parlé n'eurent pas loin pour aller jusqu'à la Seine, mettre de l'eau dans leur vin. Être à Auteuil était le plus grand plaisir de Molière; il avait là des livres et de la solitude; ses amis venaient volontiers le voir, Chapelle avait même une chambre dans la maison (Grimarest, p. 52), et pour avoir là tout ce qu'il pouvait espérer de bonheur, Molière y avait pris sa fille avec lui. (*La Fameuse Comédienne,* p. 38.)

2. V. sur ce domestique, devenu plus tard « fort recommandable dans les affaires et dans les mécaniques, » la *Lettre critique à M. de... sur la vie de Molière;* 1706, in-8°, p. 23-24.

et n'en prit pas d'autre. En 1668, il avait à son service, en outre de la bonne Renée Vannier, devenue si célèbre sous le surnom de *La Forêt* [1], une servante de cuisine, nommée Louise Lefebvre, et ce qui est assez piquant, veuve d'un chirurgien [2]. Elle mourut [3], et Molière ne prit personne pour la remplacer. A l'époque du retour de Baron, c'est-à-dire en 1670, La Forêt, suivant Grimarest, « faisoit tout son domestique [4]. » A sa mort, il en était de même. On ne trouva chez lui que La Forêt et une fille nommée Catherine, qui servait sa femme.

L'ouvrage ne manquait pas à ces deux servantes, car le logis de Molière était d'importance et fort beau. J'ignore ce qu'il payait de

---

[1]. C'était un nom commun aux domestiques. Fouquet avait un valet qui s'appelait ainsi.

[2]. Il s'appelait Edme Jorand.

[3]. Son acte de mort est dans les Registres de Saint-Germain-l'Auxerrois, sous la date du 9 juillet 1668.

[4]. Grimarest, *loc. cit.*, p. 51. — A l'époque des *Femmes savantes*, cependant il eut, à ce qu'il paraît, une autre servante du nom de Marine ou Martine, qui lui servit pour le rôle du même nom, et qui bien plus le joua, dit-on. (V. plus bas.) C'était sans doute quelque bonne grosse fille de campagne, qui faisait le service dans l'appartement d'Auteuil. Aussi (Acte II, scène VI) fait-il nommer par Martine Auteuil et Chaillot.

loyer dans la maison de la rue de Richelieu, qu'il prit à bail du tailleur de la reine Baudelet, huit mois environ avant sa mort [1]; mais, grâce à une note de Beffara [2], je sais que dans la rue Saint-Thomas du Louvre, où il logeait depuis 1665, après avoir quitté la rue Saint-Honoré [3], il payait 1,000 livres par an, fort beau denier pour le temps, et qui prouve une grande aisance chez le locataire.

Le luxe de son ameublement le prouvait encore mieux. Lorsqu'au mois de juillet dernier, l'Inventaire, qui porte en maint endroit des témoignages de cette magnificence du co-

---

1. Le bail est du 26 juillet 1672.—Armand, son dernier enfant, y naquit le 1er et y mourut le 11 octobre suivant.

2. *Mss.*, t. III, p. 9.

3. Le bail de la maison de la rue Saint-Thomas du Louvre, passé devant Ogier, est du 15 octobre 1665.— La Dè Brie, la consolatrice de Molière, l'Éliante de cet Alceste, logeait dans la même maison au grand déplaisir d'Armande, qui voulait bien tourmenter son mari, mais qui n'eût pas voulu qu'on le consolât. (V. *la Fameuse Comédienne*, p. 21.) Après le raccommodement de 1672 (V. plus haut, p. 21), Molière, cédant à la jalousie de sa femme, voulut bien que la De Brie ne logeât plus dans leur maison. C'est alors qu'ils vinrent habiter celle de la rue de Richelieu où ils logeaient seuls.

médien, fut découvert par M. Eudore Soulié, plusieurs notes coururent dans les journaux, où l'on parlait avec surprise des riches tentures de l'appartement, des somptueux miroirs, des meubles magnifiques, et notamment du lit d'Armande, tout à crépines et broderies d'or, sur fond vert, — la couleur d'Alceste [1], — et dont l'estimation, si je ne me trompe, n'allait pas à moins de 2,000 livres. Pour mon compte, je n'en fus pas étonné, sachant le goût d'Armande pour la dépense, connaissant la complaisance de Molière, et me rappelant surtout ce que l'*Élomire* de Chalussay nous avait appris déjà sur l'amour du luxe qui éclatait partout dans cette maison.

La première scène de la pièce se passe dans la chambre d'Élomire (Molière), laquelle, est-il dit, doit, « estre fort parée. » Quelques détails viennent plus loin. Après avoir parlé du talent qui a fait sa fortune, Élomire s'écrie :

Mais, ma chère Isabelle,
Sans luy nous verrions-nous une chambre si belle :
Ces meubles précieux sous de si beaux lambris ;
Ces lustres éclatans, ces cabinets de prix ;

[1]. En adoptant le vert, Molière avait fait choix de la couleur des bouffons. V. nos *Variétés*, t. VII, p. 415, et Rabelais, édit. Burgaud et Rathery, t. II, p. 99.

Ces miroirs, ces tableaux [1], *cette tapisserie,*
Qui seule épuisa l'art de la Savonnerie [2] *:*
Enfin tous ces bijoux, qui te charment les yeux,
Sans ce divin talent seroient-ils en ces lieux ?

Cette fortune ne semble pas avoir survécu longtemps au grand homme. Elle ne profita pas plus que si elle eût été mal acquise.

Armande remariée, et devenue La Guérin, tâcha d'attirer à elle tout ce qu'elle put, afin que le fils né de son second mariage « fût un homme de conséquence [3]. » La fille de Molière, s'étant fait enlever du couvent où l'oubliait la mauvaise mère, et où elle désirait tant qu'elle s'oubliât [4], vint un jour réclamer la fortune paternelle, et n'en trouva que les débris.

1. Nous parlerons au chapitre suivant d'un de ses tableaux, donné par Séb. Bourdon à Molière son ami.

2. Ne serait-ce pas la belle tenture « à petits personnages, » prisée 800 livres dans l'inventaire de Molière, et la même aussi qui fut estimée 1,300 livres, en 1705, chez sa fille, et seulement 550 livres, en 1738, à Argenteuil, chez M. de Montaland ? « Elle était de fabrique d'Anvers et représentait l'histoire de *Persée et d'Andromède.* » Note de M. Soulié, dans la *Correspondance littéraire,* 25 février 1863, p. 98.

3. *La Fameuse Comédienne,* p. 88.

4. *Ibid.*

Lorsqu'on sait cela, et lorsque l'on connaît la position précaire de l'homme qu'elle épousa, simple organiste de paroisse [1], quoique gentilhomme, on n'est pas surpris de la voir, en 1720, consentir à la vente de la maison des Poquelins, sous les *Petits-Piliers*, et l'on comprend que Titon du Tillet [2], après avoir vanté son mérite, la beauté et l'agrément de son esprit, ait pu dire : « Elle ne jouit pas d'une fortune opulente. »

Armande avait fait le désespoir du père et la ruine de sa fille.

1. « Elle épousa, dit Titon du Tillet, M. de Montaland, gentilhomme, qui a été quelque temps organiste de l'église Saint-André-des-Arts. » (*Parnasse françois*, 1732, in-fol., p. 318.)—Auger et Castil-Blaze avaient dit que Montaland était organiste, mais sans nous apprendre d'après quel témoignage.—La fille de Molière avait été longtemps retenue au couvent par sa mère (*La Fameuse Comédienne*, p. 88); elle y connut sans doute Montaland qui venait y donner des leçons, et fatiguée du cloître elle se laissa enlever par lui, bien qu'il fût veuf et beaucoup plus âgé qu'elle. Mme de Montaland, suivant Cizeron Rival, n'était pas jolie, mais fort spirituelle et bonne musicienne. (*Récréat. littér.*, 1765, in-12, page 14.) Montaland survécut longtemps à sa femme. Ils n'eurent pas d'enfants.

2. *Ibid.*

LES

RELIQUES DE MOLIÈRE

I.

Molière est peut-être, entre tous nos grands auteurs, celui dont on ait le plus curieusement recherché les reliques : — nous entendons par ce mot toutes les choses qui ont pu lui appartenir, tout ce qui garde de lui une trace matérielle ou historique ; — et, par malheur, c'est peut-être aussi celui pour lequel ces recherches ont été le plus infructueuses. Rien n'est presque resté de lui; rien n'a survécu que ses œuvres à peu près complètes, et sa gloire plus intacte encore. Il est vrai que c'est l'important, et que, devant un si beau partage, pour s'apercevoir de la perte du reste, et pour oser s'en plaindre, il faut être tout au moins *autographophile,* amateur maniaque de vieux portraits, de vieux meubles, de vieux livres, etc. C'est ce que nous voulons être aujourd'hui, au risque d'endosser encore une fois le ridicule dont on affuble si volontiers tout adorateur des vieilles choses.

L'espoir d'ajouter une page de plus à la vie de Molière, et de vous apprendre à son sujet quelques faits nouveaux, nous ferait tout entreprendre et tout braver.

Nous commencerons par rechercher les autographes du grand poëte, et ce sera, malheureusement, un chapitre bien vite écrit. Il nous est à peine resté une phrase entière tracée par la plume qui écrivit *le Tartuffe* et *le Misanthrope,* et nous n'avons pas un seul fragment de ses manuscrits!

Soit indifférence de Molière lui-même, peu soucieux de garder la copie de ses chefs-d'œuvre qui, une fois imprimés, appartenaient à la postérité, soit négligence de ceux qui devinrent les dépositaires de ses papiers après sa mort, tout a péri. Mais qui accuser? Ces derniers surtout. En 1682, ils possédaient encore les manuscrits de Molière, puisque cette année-là La Grange donnait son édition revue, dit-il, sur les autographes du grand homme. Ils les laissèrent s'envoler au vent, comme chose légère.

Aujourd'hui, on les payerait au poids du diamant.

Ce que l'incurie de la femme de Molière et des comédiens héritiers de ses œuvres avait laissé survivre dans les archives du Théâtre-Français aurait, suivant une tradition, été détruit par l'incendie de l'Odéon, en 1799.

« Un de nos amis, dit M. Taschereau[1], nous a répété plusieurs fois qu'il tenait de Grandmesnil qu'en 1799 la Comédie-Française possédait encore quelques papiers de Molière, mais qu'ils devinrent la proie de l'incendie qui consuma sa salle, actuellement celle de l'Odéon, le 18 mars de la même année. »

Ce n'est là qu'un on-dit, et d'une vérité douteuse, comme nous le prouverons plus loin, quand nous reviendrons sur ce sinistre, qui fut moins terrible qu'on le pense.

Quoi que nous puissions dire, on croira toujours, j'en réponds, que, sans cet incendie, nous aurions peut-être encore quelques feuillets manuscrits du *Tartuffe* ou des *Femmes*

---

1. *Histoire de Molière*, 3ᵉ édit., p. 240.

savantes, illustrés de quelques-unes de ces variantes et de ces corrections à l'aide desquelles Molière savait si bien perfectionner sa propre perfection [1], peut-être aussi quelques scènes de cette comédie des *Philosophes* ou de cette autre, *l'Ambitieux*, qu'il ébauchait, dit-on, quand il mourut. Que n'espère-t-on pas retrouver, quand on n'a plus même les moyens de chercher ?

Lors même qu'on ne ressaisirait que quelques-unes des nombreuses farces, jouées par

---

[1]. Une copie de la tirade de Cléante, à l'acte I, de *Tartuffe*, permet de juger de ces corrections de Molière sur lui-même. Elle se trouve à la Bibliothèque imp., *Résidu Saint-Germain*, paq. IV, n° 6, et vient de chez Mme de Sablé, où Molière lut sans doute sa pièce dans le temps où il en faisait des lectures, ne pouvant en donner des représentations. Voici quelques-unes des variantes :

Imprimé :
Les vrais braves sont ceux qui font beaucoup de bruit.
Manuscrit : .... *qui mènent plus de bruit.*

Imprimé :
A prix de faux clins d'yeux et d'élans affectés.
Manuscrit : .... *et d'hélas affectés.*

Imprimé :
Les intérêts du ciel plus qu'il ne veut lui-même.
Manuscrit : .... *au delà de lui-même.*

Molière dans les provinces et à Paris pendant les premières années de son séjour, on s'estimerait encore fort heureux.

On a remis la main sur deux de ces bouffonneries : *la Jalousie du Barbouillé* et *le Médecin volant*, perdues jusqu'au jour où J.-B. Rousseau écrivit à Brossette[1] qu'il en avait une copie; reperdues jusqu'en 1819[2] où Desoer les fit enfin connaître dans une édition à petit nombre. Les archives d'une de nos villes du Midi possèdent aussi, dit-on, « une petite comédie de Molière intitulée *le Barbon médecin*, dont le manuscrit porterait non-seulement sa signature, mais serait même tout entier de sa main. C'est quelque chose, si cela est, ce dont je doute, car après une annonce faite il y a sept ans sur cette découverte[3], rien n'a paru. Qu'on publie, et nous verrons s'il faut croire. En attendant, pour cette farce perdue comme pour les autres, nous en sommes toujours au regret.

1. V. ses lettres des 12 et 17 septembre 1731 et du 21 décembre 1732.

2. Elles ont reparu dans l'édition d'A. Martin, 1845, in-8°.—Le *Médecin volant* fut joué en mars 1833, à la Comédie-Française, pour le bénéfice de Saint-Aulaire. V. le *Temps* du 25 mars 1833.

3. *Athæneum*, 1856, p. 255.

Où retrouver *Gros-René écolier* et *le Docteur pédant*, que Molière jouait encore : l'un en 1659, l'autre en 1660? où *Gorgibus dans le sac*[1], dont une scène des *Fourberies de Scapin* semble être la seule trace? où *le Grand benêt de fils aussi sot que son père*[2], qui fut peut-être le type de Thomas Diafoirus? où *la Casaque?* où surtout *le Docteur amoureux*, la première farce qu'il joua devant le roi et celle de toutes que Boileau regrettait le plus[3]? Il y a tantôt vingt ans, l'Odéon donna sous ce titre une petite comédie, dont l'attribution qu'on en fit sans vergogne à Molière ne trompa qui que ce soit, et qui, l'an dernier, d'ailleurs, nous a révélé son auteur[4].

Le Docteur amoureux est donc toujours trop bien perdu, mais non pourtant sans avoir, je crois, laissé une trace curieuse que personne n'a vue jusqu'à présent, et que je vais faire voir.

1. Molière, suivant La Grange, jouait encore cette farce, le 31 janvier 1661.
2. On trouve cette farce jouée encore le 17 janvier 1664.
3. V. le *Bolæana* de Monchesnay, 1742, in-12, p. 31.
4. M. Alph. de Calonne.

Dans *la Boutade des Comédiens,* sorte de ballet donné vers 1663[1], où les pièces qui avaient alors du succès : *les Sozies* (sic), de Rotrou ; *la Coiffeuse à la mode,* de d'Ouville ; *le Jodelet maître et valet,* de Scarron ; *les Visionnaires,* de Desmarets ; *Héraclius, Cinna, Rodogune, Sophonisbe,* de Corneille ; viennent à tour de rôle dire ce qu'elles sont, en vers qui ne sont pas malheureusement ceux des auteurs, l'on voit paraître à la 9º *entrée,* qui ? *le Docteur amoureux.* On me dira : c'est la pièce que Le Vert fit jouer sous ce titre bien avant que Molière n'écrivît la sienne. Point du tout, c'est bien *le Docteur amoureux* de Molière. Celui de Le Vert, joué en 1638[2], n'avait pas mérité de survivre jusqu'en 1663. Je l'ai lu avec soin, et n'y ai retrouvé ni le nom d'Hélène donné à la maîtresse du docteur par *la Boutade des Comédiens,* ni les idées que cette même boutade prête au docteur, et qui sont bien au contraire dans le genre de celles que Molière avait dû lui donner.

Écoutez-le, puis écoutez après la réplique

---

1. Nous lui donnons cette date, parce qu'il y est parlé de la *Sophonisbe,* de Corneille, jouée en 1663.
2. V. *Catal. Soleinne,* t. I, p. 259.

d'Hélène :

LE DOCTEUR à sa maîtresse.

Je pénètre au fond des sciences
Et les grands soins que j'en ay pris
Après bien du temps m'ont appris
Mille belles expériences.
Il me reste un point important
Sans lequel mon esprit ne peut étre content
Et jusqu'où mon savoir encor n'a pu s'étendre :
Le secret de vous acquérir.

HÉLÈNE, maîtresse du Docteur.

Ces docteurs avec leurs sciences,
Ne doivent rien prétendre en mes affections.
Quoy! dans toutes leurs actions
Ils cherchent mille circonstances,
Ils n'agissent que par compas!
Ah! vraiment je ne pourrois pas
Subir une reigle si dure
Et qui voudra prétendre à estre mon amant,
Il faut qu'il m'aime aveuglément,
Sans reigle et sans mesure.

N'est-ce pas là, je le répète, un thème digne de Molière, et bien dans ses idées sur l'impuissance du savoir et de la philosophie à dominer l'âme folle des femmes et à fixer leur fantaisie ? Jetez son comique et sa gaieté sur ce pâle canevas ; faites une voix de cet écho, une lumière de ce reflet, vous aurez, j'en réponds, une farce qui justifiera les regrets de Boileau.

Combien n'en fit-il pas à l'impromptu qui ne vivaient qu'une heure, et qui auraient mérité de toujours vivre. Il suffisait d'un désir du roi et la farce nouvelle était improvisée, en façon d'intermède ou bien sous forme de prologue.

Quelquefois, lorsqu'il s'agissait moins d'amuser que de glorifier, Molière se contentait de réciter un sonnet, en s'excusant de l'exiguïté de l'hommage sur le peu de temps que la rapidité des exploits du roi avait laissé à sa muse. En voici un qu'on n'a pas encore réuni à ses œuvres[1] :

Ce sont faits inouïs, grand Roy, que tes victoires!
L'avenir aura peine à les bien concevoir ;
Et de nos vieux héros les pompeuses histoires
Ne nous ont point chanté ce que tu nous fait voir.

Quoi! presqu'au même instant qu'on te l'a vu résoudre,
Voir toute une province unie à tes Estats!
Les rapides torrents, et les vents et la foudre
Vont-ils dans leurs effets plus vîte que ton bras.

1. Il n'a été publié pour la première fois que tout dernièrement, par M. P. Lacroix, dans le *Bulletin du Bibliophile belge*, 1863, p. 104-105.

N'attends pas au retour d'un si fameux ouvrage,
Des soins de notre Muse un éclatant hommage,
Cet exploit en demande, il le faut avouer !
Mais nos chansons, grand Roy, ne sont pas sitôt prestes,
Et tu mets moins de temps à faire des conquêtes,
Qu'il n'en faut pour les bien louer..

Je regrette plus la perte de quelques scènes en intermède ou en prologue, que je n'eusse regretté celle de ce sonnet :

« La troupe, dit La Grange (12 juin 1665), est allée à Versailles par ordre du Roy. On a joué *le Favory*[1] dans le jardin, sur un théâtre tout garny d'orangers. M. de Molière fist un *prologue* en marquis ridicule qui vouloit estre sur le théâtre, et eust une conversation risible avec une actrice qui fist la marquise ridicule placée au milieu de l'assemblée. »

Qu'est devenue cette scène où Molière prenait si bien l'avance sur nos bouffonneries avec acteurs ou actrices dans la salle[2] ?

Il ne faut pas moins regretter les discours d'ouverture et de clôture que, pendant plus de

---

1. Tragi-comédie alors dans sa nouveauté, et due à Mme de Villedieu.

2. C'était une imitation du théâtre espagnol. V. Puibusque, *Histoire comparée des littératures espagnole et française.* Paris, G. Dentu, 1843, in-8º, t. II, p. 400.

cinq ans [1], il fit au nom de sa troupe, et pour lesquels il fut toujours plutôt empressé que négligent. Bien qu'il eût en effet la parole un peu trop rapide, comme il arrive à tous ceux chez qui la pensée abondante afflue trop facilement aux lèvres, bien qu'il bredouillât même parfois en parlant [2]; « il aimoit fort à haranguer [3]; » et l'on aimait aussi beaucoup à l'entendre. C'était à qui trouverait pour soi dans sa harangue un mot gracieux, une allusion flatteuse. Un salut même de Molière venant parler au public était chose enviée des plus nobles et des plus belles.

Je citerai à ce propos une page très-curieuse d'un roman fort rare [4]. C'est une coquette qui parle :

« —On donne du prix au mérite, dont bien souvent l'imagination est la règle et le fondement. Par exemple à Molière. Vous sçavez le bien qu'on en dit, et qu'il passe pour un homme aussi spirituel qu'il y ait en France.

1. Il ne céda le soin de l'*annonce* au public, que le 14 novembre 1664. C'est La Grange qui l'eut désormais.
2. V. *Mémoires* de Brossette sur Boileau, à la suite de la *Correspondance*.
3. *Mercure*, mai 1740, p. 841.
4. *Araspe et Simande*, 1672, in-12.

Vous nous disiez même l'autre jour au bal, à ma nièce et à moy, sur le sujet des comédies, que c'estoit un original qu'on ne copieroit jamais. Comme on vous prit à danser, je n'eus pas le temps de vous dire ma pensée, et ce discours ne se remit plus alors sur le tapis, mais maintenant il faut que je vous dise tout court que cet homme-là n'a pas le sens commun. — Pas le sens commun ? repris-je alors avec précipitation. Bon Dieu, madame, pensez-vous à ce que vous dites ? — Ouy, ouy, j'y pense, me répondit-elle. Je vous soutiens qu'il n'a point d'esprit, et je m'en vais vous en donner une preuve, où il n'y a point de réplique. J'allay un jour, pendant mon procès, voir la comédie de *l'Arabe;* ce n'est pas dont je veux parler, car dans la vérité la pièce est assez jolie. — Ne voudriez-vous point dire *l'Avare?* lui repartis-je fort civilement. — De *l'Avare,* soit ! reprit-elle. Quand elle eut fini, Molière vint sur le bord du théâtre avec son habit de Tabarin, et salua fort civilement des emplumez qui estoient dans la loge du roy. Je luy fis une révérence fort honnête, de celle où j'estois tout vis-à-vis, et nous avons Dieu mercy de quoy nous distinguer; mais il ne me regarda pas. Et vous voulez après cela qu'il ait de l'esprit ? — Non, madame, lui dis-je, après cela il ne faut pas qu'il y prétende, et je ne le verray jamais sans luy reprocher une faute que Nicomède luy-même n'auroit pas commise. »

La scène est jolie. Celle qu'eût écrite Molière, s'il eût connu l'aventure, l'eût été davantage. Mais pourquoi regretter ce qu'il eût pu faire, puisque nous n'avons même pas ce qu'il a fait; puisque deux lignes au plus, comme l'approbation du devis de la salle des Tuileries, citée dans notre précédent chapitre, sont l'autographe le plus complet que nous ayons de lui. C'est où l'on en est pour les manuscrits de Molière. Il faut s'en tenir à quelques signatures plus ou moins authentiques mises au bas d'une quittance ou d'un placet, ou bien enfouies dans les registres des églises d'Auteuil et de Saint-Roch.

Avouez même que vous ne vous attendiez guère à trouver en lieux pareils quelques-uns des rares spécimens qui nous soient restés de l'écriture de l'auteur de *Tartuffe*. C'est là qu'ils existent pourtant; on le doit à ce que Molière fut deux fois parrain, la première fois à Paris, en 1669, la seconde à Auteuil, en 1671. Comme ces deux actes n'ont, je crois, jamais été recueillis par les auteurs qui ont le plus cherché et le plus écrit à propos de Molière, pas même par l'infatigable Beffara, nous allons vous en donner copie :

Registres de Saint-Roch : « Du 10 septembre 1669, Jeanne-Catherine a été baptisée fille de Romain Toutbel, marchand, et d'Antoinette Droict... le parrain, M. Jean-Baptiste Poclain-Molière (*sic*), valet de chambre du roy, demeurant rue Saint-Honoré, paroisse Saint-Germain; la marraine, Catherine Du Rozet, femme d'Edme de Brix [1], officier du roy, mêmes rue et paroisse.

« Signé, J. B. P. Molière. »

Registres de l'église d'Auteuil : « Le 20 mars 1671, j'ai baptisé Jean-Baptiste-Claude, fils de messire Claude Jennequin, officier du roy, et de Magdeleine Lescale. Son parrain, messire J. B. Poquelin Molière, écuyer, valet de chambre du roy; la marraine,

---

1. Il faut lire De Brie, car la marraine n'est autre que l'amie de Molière, mademoiselle De Brie. On apprend ici son vrai nom de fille, que l'on croyait être Le Clerc et non Du Rozet. La femme de Barillon (v. p. 79) était sa sœur de mère.

Geneviève Jennequin, n'ayant aucun domicile arrêté...

« Signé, J. B. Poquelin Molière. »

M. Berriat Saint-Prix, à qui nous devons la première mention de ces deux actes[1] en conclut avec raison que Molière, étant ainsi admis à signer comme parrain, les comédiens ne devaient pas être exclus de l'Église, et que l'archevêque de Paris n'avait pas droit de refuser au grand poëte la sépulture religieuse.

La réflexion est juste ; mais peut-être M. Berriat eût-il bien fait de remarquer aussi que le titre de comédien est fort habilement sous-entendu par les deux curés, et qu'à sa place figure le titre plus noble en ce temps, et moins profane, de valet de chambre du roi. Constatons même que, dans le second de ces actes, Molière est qualifié de *messire* et d'*écuyer*, et cela de par la seule autorité du curé qui lui fait honneur, malgré lui, je le suppose, et malgré le droit, ce qui est certain. En effet, non plus que La Fontaine, qui fut, s'il m'en souvient, inquiété par les gens du roi pour ce même titre indûment pris, Molière n'était pas écuyer. Aussi se garde-t-il bien

---

[1] V. son édit. de Boileau, t. II, p. 88, et t. IV, p. 492.

d'en prendre la qualité dans l'acte de baptême de son fils Louis, du 28 février 1664, au bas duquel le duc de Créquy signa pour Louis XIV, parrain. Le plus singulier même, c'est que Molière, qui du reste ne manqua jamais l'occasion de frapper sur les fanfarons de noblesse, semble s'être plus particulièrement moqué de ceux qui se paraient de ce titre d'écuyer.

Il l'a donné à son Pourceaugnac ! Comment vouliez-vous après cela qu'il le prît lui-même ? C'est donc, encore une fois, le curé d'Auteuil qui l'en gratifia. Molière fut noble comme son Sganarelle était médecin..., malgré lui. Quand il fut mort, sa veuve, nous l'avons fait voir, ne manqua pas de lui conserver cette qualité.

Nous ne dirons qu'un mot des quelques quittances au bas desquelles se trouve la signature du poëte. Nous en connaissons notamment deux authentiques : l'une signée le 7 août 1669, pour une somme de cent quarante-quatre livres donnée en gratification par le roi à Molière et à sa troupe, est la même qui fut, en 1846, l'occasion d'un procès en revendication dans lequel la Bibliothèque, alors royale, intervenue comme demanderesse, eut gain de cause en appel après avoir perdu en première instance[1]; l'autre, écrite comme la première sur parchemin et fort bien conservée, est du trentième jour de juin 1660. J. B. P. Molière, qui par malheur, n'a fait que signer, y donne quittance de « cinq cents livres dont Sa Majesté luy a fait don pour luy donner moyen de supporter les frais et dépenses qu'il luy convient de faire en cette ville de Paris, où il est venu par son commandement pour le plaisir et récréation de Sadite Majesté, etc... » Au bas est aussi la signature du ministre Le Tellier.

Nous citerons ensuite, mais pour mémoire, à cause de leur peu d'authenticité, les quelques lignes que Molière aurait mises au bas d'une supplique soi-disant adressée par lui à Louis XIV, en 1669. On y lit : « J'attends avec un peu d'espérance respectueuse la réponse de mon placet.

« J.-B. POQUELIN MOLIÈRE. »

Le *Magasin pittoresque*[2] en a donné le *fac-simile*, mais sous toutes réserves. Nous ferons comme lui à l'égard des réserves.

[1]. L'histoire de cette affaire se trouve dans la préface du *Catalogue des autographes* vendus par Charon, le 16 avril 1846.
[2]. Année 1845, p. 214.

II

De tous les autographes de Molière, le plus curieux est celui dont on parle le moins. S'il est authentique, et je n'en doute pas, pour mon compte, l'heureux amateur qui le possède, a non-seulement la plus longue phrase manuscrite que l'on connaisse de Molière, mais encore un des plus précieux restes des choses qui ornaient sa chambre.

Nous avons dit, au chapitre de sa fortune, que Molière avait chez lui tapisseries, miroirs et tableaux. C'est un de ceux-ci que l'on retrouva au mois de mars 1840. Une marchande de vieilles peintures, de la rue d'Anjou-Dauphine, madame L. Deleuze, le gardait depuis quelque temps sans beaucoup s'inquiéter de sa valeur qui ne lui paraissait pas considérable. Cette toile, de 18 pouces de haut sur 15 de large, où la figure de saint Jean-Baptiste domine dans une Sainte Famille, n'était pour elle et pour ceux à qui elle l'avait fait voir qu'une assez faible composition dans la manière la moins soignée de Sébastien Bourdon. Elle n'avait pas trouvé d'acheteur et gardait le tableau. Un jour, en le nettoyant, elle arracha sur le revers quelques bandes de papier qui tombaient en lambeaux, et mit ainsi à découvert, sur la traverse supérieure, un fragment de parchemin portant quelques lignes écrites à la main. Elle se hâta de lire, et voici ce qu'elle lut :

Donné par mon ami Séb. Bourdon, peintre du roy, et Directeur de l'Académie de peinture.

Paris, ce vingt-quatrième de juin mil six cens septante.

J. B. P. MOLIÈRE.

C'était un cadeau que Bourdon, depuis longues années l'ami de Molière[1] et plus tard son voisin[2] lui avait fait le jour de sa fête à la Saint-Jean de 1670.

Le bruit de la précieuse trouvaille se répandit et n'éveilla pas moins le doute que la cu-

---

1. Nous donnerons, dans *Molière au théâtre et chez lui,* de longs détails sur son intimité avec Séb. Bourdon, Mignard et d'autres peintres.

2. Rue de Richelieu; Molière logeait près de l'*Académie des peintres,* dont Bourdon était directeur.

riosité[1]. Beaucoup crièrent à la supercherie, en s'armant surtout de quelques différences existant entre l'écriture de l'inscription et les signatures de Molière déjà connues ; mais dont il était cependant facile de se rendre compte, lorsqu'on songeait que Molière alors dut écrire là sur du parchemin revêche et non sur du papier glissant. La différence de la matière sur laquelle les lignes étaient tracées avait seule fait la différence de l'écriture.

L'expert, M. Fontaine, appelé à donner son avis, conclut dans un sens favorable, et il fut avéré pour les gens de bonne foi que l'on avait retrouvé du même coup trois lignes de la main du grand homme, et l'un des tableaux qui ornaient sa chambre[2]. S'il reste quelques doutes, la publication de l'inventaire pourra les dissiper. Qu'on y trouve indiqué un tableau représentant une Sainte Famille, et la question sera définitivement résolue. Or, je crois savoir qu'on l'y trouvera.

Dernièrement, il fut bruit d'une découverte un peu moins curieuse, mais qui avait

---

1. V. *la Presse* du 21 mars 1840.
2. V., sur toute cette affaire, la brochure avec *fac-simile* intitulée : *Découverte d'un autographe de Molière*; Paris, 1840, in-8º de 11 pages.

son prix pourtant. Une tapisserie des *Amours de Gombaud et de Macé*, bien connue depuis le *mémoire* de La Flèche dans *l'Avare*, fut trouvée chez un marchand de bric-à-brac, et l'on se hâta de dire et d'écrire [1] qu'après avoir appartenu à Molière, elle était passée au Garde-Meuble de la Couronne. Une mention placée au revers prouvait cette dernière provenance. Mais l'autre fut démentie par M. Eudore Soulié qui, sa copie de l'inventaire en main, démontra que parmi le grand nombre de tapisseries possédées par Molière, il ne s'en trouvait pas une avec ce sujet.

Le tableau de Bourdon est donc jusqu'à présent le seul débris qui nous reste des ornements de la somptueuse chambre de Molière.

Un tableau de piété est un assez étrange souvenir de l'auteur de *Tartuffe*.—Il se concilie toutefois avec ce qu'on sait de ses habitudes. Il était loin d'être impie [2], et s'efforçait surtout de ne pas le paraître. Plus, à l'époque de *Tartuffe*, on le taxa d'irréligion dans le

1. V., dans *l'Indépendance belge* du 21 février 1863, une lettre de M. A. Jubinal, à qui cette tapisserie appartient.

2. Sur les habitudes religieuses de Molière, v. Taschereau, p. 260, note.

monde dévot, plus il eut à cœur de faire ouvertement acte de piété. Une gravure peu remarquée, et qu'il ne faudrait pas omettre dans le *Musée Molière* que la Comédie-Française pourra se composer quelque jour, est, sur ce point, un témoignage de ses préoccupations.

En 1665, au plus fort de la persécution contre le chef-d'œuvre dont notre travail définitif présentera l'histoire complète, les religieux de la Charité fondèrent une *Confrérie de l'Esclavage de Notre-Dame* que le saint-père approuva, et dont le roi et sa mère se firent les protecteurs. Chauveau fit à ce sujet une estampe, où l'on voit à genoux devant la Vierge et l'Enfant portés sur un nuage, le saint-père d'un côté, et de l'autre Louis XIV et Anne d'Autriche. Ledoyen la grava. Il fallait, suivant l'usage, quelques vers pieux au bas de la pieuse image. Ce fut Molière le maudit des dévots et l'objet des anathèmes de l'archevêché et du palais de la reine mère, ce fut Molière qui s'en chargea.

On l'accusait d'être impie, il protestait par des vers de piété, et, toujours habile, il profitait pour cette protestation du moment où le légat du Pape, devant lequel on l'avait surtout mis en cause, se trouvait encore à Paris [1].

Voici ces vers avec le titre exact et complet, qu'on avait jusqu'ici négligé de reproduire :

La Confrairie de l'esclavage de nostre Dame de la Charité establie en l'Église des Religieux de la Charité

Par nostre S. P. le Pape Alexandre VII. l'an 1665

In funiculis Adam traham eos in vinculis charitatis.
(*Oseœ*, 11, 4.)

Brisez les tristes fers du honteux esclavage
Où vous tient du péché le commerce odieux,
Et venez recevoir le glorieux servage
Que vous tendent les mains de la Reyne des cieux.
L'un sur vous à vos sens donne pleine victoire,
L'autre sur vos désirs vous fait régner en Roys.
L'un vous tire aux enfers, et l'autre dans la gloire,
Hélas ! peut-on, mortel, balancer sur le choix [2] !

1. V. Bazin, *Notes historiques sur la vie de Molière*, 1851, in-12, p. 123-124.

2. Ces vers ont été publiés pour la première fois dans la *Revue rétrospective* du 23 février 1837, p. 320, mais sans aucune des explications données ici et que nous croyons indispensables.

III

Si l'on songeait jamais à former ce *Musée Molière* dont je viens de parler, il faudrait tâcher d'y placer quelque débris du beau service d'argenterie avec lequel le comédien faisait fête aux grands seigneurs et aux beaux esprits qui ne refusaient jamais de dîner à sa table [1]. Il l'avait rendu reconnaissable par l'emblème dont il l'avait marqué, et qui empêchait tout convive, reçu chez lui, d'oublier qu'il dînait chez un comédien. Cette marque était un masque. Une note fort curieuse, que nous devons à l'obligeance de notre ami M. Jal, vous en donnera la preuve. Voici ce renseignement-bijou que l'infatigable érudit a bien voulu détacher pour nous de l'immense travail qu'il nous donnera bientôt, et qui, sous forme de *Supplément à toutes les biographies*, sera le plus riche

---

[1]. Nous réservons, pour notre travail définitif, les détails sur les dîners de gens d'esprit qui avaient lieu chez Molière.

écrin que l'érudition française ait jamais ouvert aux curieux.

Un ami du célèbre intendant de La Rochelle, Michel Bégon, écrivant en 1705 à l'un des correspondants de cet intelligent et studieux administrateur, lui dit :

« La remarque curieuse que vous faites des masques que feu M. de Molière avoit fait graver sur son service de vaisselle d'argent a charmé notre illustre magistrat. »

La plus petite cuiller illustrée de la marque comique serait un joyau pour le musée que je rêve; mais ce qui l'enrichirait mieux encore, ce serait, si l'on pouvait la trouver, une de ces cartes sur lesquelles Molière écrivait au vol les pensées ingénieuses, et les mots heureux qui jaillissaient du tourbillon de paroles faisant rumeur d'esprit dans sa chambre, chaque fois qu'il y rassemblait ses amis. Il n'ignorait rien du jeu, — la partie de piquet des *Fâcheux* le prouve de reste[1], — mais il ne l'aimait pas. Les cartes à jouer ne lui servaient que pour écrire. « Il parloit peu, dit Titon du Tillet dans un passage jusqu'ici

---

1. V. sur cette scène de curieuses explications de M. E. de Certain, dans un article de la *Correspondance littéraire;* 10 avril 1861, p. 250.

négligé[1], il écoutoit attentivement les pensées ingénieuses et les saillies d'esprit des personnes agréables, qui étoient en liaison avec lui, et il les écrivoit souvent avec un craïon sur des cartes à jouer qu'il mettoit dans sa poche pour cet usage. »

Qui retrouvera, qui nous rendra le jeu de cartes de Molière ?

IV

Il aimait beaucoup les livres, non-seulement ceux qui avaient rapport au théâtre, mais les livres de toute sorte. Il paraîtrait même qu'il s'en allait fureter volontiers aux étalages de ces pauvres bouquinistes du quai et du Pont-Neuf, auxquels les libraires de Paris cherchèrent si méchamment noise vers 1660. « Il n'est pas de bouquin qui s'échappe de ses mains, écrivait en 1664 Lacroix dans sa *Guerre Comique* ou *la Défense de l'École des Femmes,* mais le bon usage qu'il fait de ces choses les rend encore plus louables. » De Visé,

---

1. *Description du Parnasse françois;* 1727, in-8°, p. 256.

dans sa *Zélinde*[1], dit à peu près la même chose, mais moins obligeamment : « Pour réussir, écrit-il, il faut prendre la manière de Molière : lire tous les livres satiriques, prendre dans l'espagnol, prendre dans l'italien, et lire tous les vieux bouquins. Il faut avouer que c'est un galant homme, et qu'il est louable de se servir de tout ce qu'il lit de bon. » Avec des goûts de bibliophile aussi prononcés, il avait dû se faire une bibliothèque excellente et nombreuse ; elle a disparu comme le reste.

Que ne donnerait-on pas cependant pour avoir son *Térence*, son *Plaute*, ses vieux auteurs italiens qu'il lut et qu'il vola si bien ? Vaine recherche ! les seuls débris échappés de sa bibliothèque sont : d'abord un petit volume appartenant à M. le comte d'Auterive, et que nous ne connaissons que par la mention qu'en a faite son heureux possesseur, dans une lettre écrite à M. Charon, à propos du procès d'*autographes* relaté tout à l'heure[2] ; puis un autre petit volume vendu chez M. Lalande, le 29 avril 1850[3].

[1]. Acte I, scène VII.
[2]. *Catalogue d'une belle collection de Lettres autographes*, vendue le 16 avril 1846, p. 6.
[3]. V. le *Catal.* de sa collection, vendue le 29 avril

C'est un ravissant petit Elzévir in-16. Molière, on le voit, était friand des bons morceaux. Ravi de sa trouvaille et de son bon marché, il écrivit tout au haut du titre : 1 liv. 10 s., puis au bas du même titre sa signature entière : *J. B. P. Molière.*

Voici la désignation complète de ce bijou : De Imperio Magni Mogolis, *sive India vera commentarius, etc. Lugd. Batav. Elz.,* 1651, *pet. in-*16. Il l'avait peut-être acheté en souvenir de son ami Bernier, qui avait voyagé dans ces contrées lointaines, et peut-être y trouva-t-il des détails curieux pour le langage des *mamamouchis* de son *Bourgeois gentilhomme.*

Ce serait chose curieuse de rechercher ce que devait être la bibliothèque de Molière. Il va sans dire qu'il avait un *Plaute* de la bonne édition, et un *Térence* surtout, car c'était là son auteur favori. « Il l'avoit choisi, dit Marcel, comme le plus excellent modèle qu'il eût à se proposer. » Peut-être avait-il aussi un Ménandre, dont Hugo Grotius avait traduit et publié les fragments dans ses *Excerpta ex*

1850, p. 45.—Le volume passa de là dans une collection vendue elle-même, le 10 décembre 1855. V. le *Catal.,* p. 79.

tragœdiis et comœdiis grœcis, Paris, 1616, in-4°. Avoir Térence, en effet, sans posséder Ménandre, c'eût été avoir l'arbre sans les racines. Or, on sait que Molière voulut l'un et l'autre, et que non content de s'abreuver au fleuve, il remonta jusqu'à sa source. Ne connaît-on pas son mot après le succès des *Précieuses*, lorsqu'il sentit sa voie ouverte, et comprit qu'il n'avait désormais qu'à s'inspirer de ses propres observations. « Je n'ai plus besoin, dit-il, s'il faut en croire Ségrais[1], d'étudier Plaute et Térence, ni d'éplucher les fragments de Ménandre. Je n'ai qu'à étudier le monde. »

Avait-il un Plutarque ? C'est probable ; et assez grand pour y mettre des rabats, c'est certain. Son édition alors devait être celle de Vascosan, in-folio[2].

Parmi les poëtes français, je ne doute pas qu'il eût Marot, pour le XVIe siècle, et Corneille pour le XVIIe. Peut-être le vieux poëte lui avait-il lui-même donné ses œuvres, et peut-être Molière y avait-il écrit quelques

---

1. *Segraisiana*, 1re édit. p. 212-213.
2. Palaprat en avait un pareil, dont il parle dans le *Discours* sur sa pièce des *Empiriques*. (V. *Œuvres*, t. II, p. 35.)

réflexions sur les marges. La Grange fit ainsi pour l'exemplaire qu'il possédait [1], et je croirais volontiers qu'en cela il imitait Molière, son maître, et son modèle en toutes choses.

Avait-il Rabelais ? Il n'en faut pas douter. Quant aux *Quatrains de Pibrac*, on pourrait croire, puisqu'il en a parlé, qu'un exemplaire s'en trouvait chez lui auprès des *Doctes tablettes du conseiller Mathieu*. Une anecdote fort peu connue donnerait cependant à penser que Molière put vanter Pibrac, sans l'avoir lu, et lui faire ainsi une simple réclame de complaisance. L'abbé Joly va vous dire comment et pourquoi. « Molière étant à Toulouse, écrit-il en 1748, dans ses *Remarques sur le dictionnaire de Bayle* [2], un descendant de Pibrac l'invita à l'aller voir à sa maison de campagne. Le poëte y fut reçu avec tant de politesse que pour lui en témoigner toute sa reconnoissance, il cita dans la comédie de *Sganarelle* les *Quatrains* de Pibrac, qui l'engagèrent à y joindre quelques autres écrits de morale. C'est, ajoute Joly, ce que M. le comte de Marigny-Pibrac, mort

---

1. Bordelon, *Diversitez curieuses*, t. I, p. 241.
2. 1748, in-fol., art. RACAN.

depuis quelques années dans un âge fort avancé, a dit à un de mes amis [1]. »

Molière avait-il les *Œuvres* d'Aristote? La *Rhétorique* et la *Poétique*, je le croirais; mais les autres ouvrages qu'il n'avait besoin de connaître que pour y ajouter le *Chapitre des Chapeaux*, à quoi bon? Qu'en eût-il fait? Les livres de science ne devaient pas être nombreux chez lui, et sauf la *Physique* de son ami Rohault, dont le volume in-4° parut deux ans avant sa mort, je ne vois pas ceux qu'il aurait pu avoir. Donnons-lui pourtant quelques livres de médecine, pour s'en moquer tout haut, et s'en servir tout bas.

Il ne croyait pas aux médecins, mais il n'était pas aussi incrédule pour leur science. Chapelle son ami l'avait étudiée [2],

1. Quoi qu'en dise cette anecdote d'origine gasconne, je crois que, pour le passage de *Sganarelle*, il s'était plus simplement inspiré de ce que dit le bonhomme Adrien dans *le Berger extravagant* de Sorel, quand il conseille à Lysis, que les romans entêtent, « d'apprendre plutôt par cœur les *Quatrains* de Pibrac ou les *Tablettes* de Mathieu, pour les venir dire quelquefois au bout de la table, quand il y auroit compagnie. » C'est à une indication de M. Sainte-Beuve, en son *Tableau de la poésie française au* XVIe *siècle*, 1843, in-12, p. 279, que nous devons ce curieux rapprochement.

2. Tallemant (édit. P. Pâris, t. III, p. 222) dit posi-

et, comme il le suivit dans ses dernières études, Molière, toujours curieux, dut en sa compagnie se frotter d'un peu de savoir médical. Ses pièces le prouvent de reste. A la fin de sa vie, quand il se sentit de plus en plus souffrant, il reprit peut-être pour se soigner lui-même tout ce que son esprit avait gardé de ce savoir. On connaît ses préoccupations inquiètes et ses curiosités de malade, à ces moments-là. Comme ces gens qui n'ont pas de religion, mais qui sont superstitieux, Molière, qui n'avait pas foi dans la science officielle, croyait à celle des empiriques. Aussi Chalussay ne doit-il pas nous tromper quand il nous le fait voir, dans sa comédie d'*Élomire hypocondre*, s'adressant à Barry, à l'Orviétan, à un empirique du village de Sennelay, en Bourgogne, et leur demandant à tous un peu de force qu'aucun ne lui rendit [1].

Les livres qui sont le *codex* de ces charlatans, et qui ont l'avantage de pouvoir être

tivement que Chapelle avait étudié pour être médecin.

1. *Élomire*, acte II, scène vi, et acte IV, scène 1. Molière n'était pas toujours rebelle aux médecins. Un jour, pris d'une de ces oppressions qui étaient son mal, il se fit saigner jusqu'à quatre fois. (*Mercure* 1673, t. IV, p. 180). Relativement, il se moqua de la saignée bien moins que du reste.

interrogés en cachette, ne s'étaient-ils pas glissés furtivement dans sa bibliothèque? N'avait-il pas, par exemple, *l'École de Salerne,* les traités de Dioscoride, les *Secrets* d'Alexis Piémontois, et quelques autres de même sorte? L'inventaire nous l'apprendra.

Le plus regrettable de ses livres, si tant est qu'il ait existé, comme on l'avait assuré à l'abbé Dubos [1], est celui sur lequel « il avoit imaginé des notes pour marquer les tons qu'il devoit prendre en récitant ses rôles. »

On aurait ainsi mieux qu'un livre, on ressaisirait une des plus précieuses parties de son art, la seule qui n'ait pu être immortelle.

V

Les portraits de Molière doivent naturellement figurer au premier rang des choses que nous appelons ses reliques.

Le plus célèbre et le plus vrai est celui qui est au Louvre et qu'on attribue à Mignard, grand et vigoureux peintre, cette fois, autant qu'excellent ami. Sa touche, souvent indécise

1. *Réflex. histor. sur la poésie et la peinture.*

et molle, est ici chaude et hardie ; le visage y a bien sa physionomie mobile et pensive tout ensemble, l'œil toute sa flamme, la bouche toute sa franchise.

Molière, dans un passage de son poëme du *Val de Grâce*, dont l'amitié elle-même ne justifie pas toute l'exagération, égale Mignard à Raphaël. Cet incroyable éloge n'est un peu vrai que pour ce portrait. C'est une merveille... « Il illumine la petite salle où il est comme une flamme, dit M. Michelet [1]... La vigueur mâle y est incomparable avec un grand fond de bonté, de loyauté, d'honneur. Rien de plus franc ni de plus net... L'intensité de vie qui est dans cet œil noir absorbe... On en sent la chaleur, elle brûle à dix pas. »

Ici Mignard, si toutefois ce portrait est de lui, a peint Molière encore jeune et tout enflammé ; sur un autre que possédait M. Alexandre Lenoir, et dont l'attribution est moins douteuse, il l'a représenté vieilli et plus morne, mais sans être éteint. L'œil est plus triste, mais brûle encore [2].

M. Dargaud en possède un, dont l'auteur

---

1. *Louis XIV et la Révoc. de l'édit de Nantes,* p. 66.
2. Il a été gravé dans le *Magasin pitt.,* t. I, p. 24.

est inconnu, qu'il déclare[1] égal et même supérieur en beauté à celui du Louvre : « Les lèvres sont épaisses et lancent les traits comme un arc. Les joues palpitent et les yeux répandent des torrents de vie. »

La vivacité du regard, l'épaisseur des lèvres, la mobilité de la physionomie sont ce qui frappe dans tous les portraits de Molière. On en possède un, non plus dessiné ni peint, mais simplement écrit, qui met fort bien tous ces traits en relief. Il est dû à la bonne vieille madame Poisson. Tout enfant, elle avait connu Molière, dont son père Du Croisy était le camarade[2], et jusque dans son extrême vieillesse[3] elle avait gardé du grand homme un de ces souvenirs vivants, une de ces ima-

---

1. *Voyage en Danemark*, 1861, in-18, p. 17-19.
2. Il ne faut pas la confondre avec sa sœur cadette Angélique, née en 1660, et qui, à cinq ans, était un enfant-prodige (V. Robinet, *Gazette* du 6 mars 1666). Elle mourut en vingt-quatre heures au mois de février 1670.
3. Elle était née en 1658, fut reçue à la Comédie l'année qui suivit la mort de Molière, et ne mourut qu'en 1756, le 14 décembre, âgée de quatre-vingt-dix-huit ans. (V. l'*Almanach des spectacles* de 1757, p. 58.) —Elle était femme de Paul Poisson et mère du dernier de ce nom.

ges toujours présentes qui, pour avoir cette vie et cette netteté, doivent dater de l'enfance.

« Il n'étoit, a-t-elle dit[1], ni trop gras ni trop maigre[2]. Il avoit la taille plus grande que petite, le port noble, la jambe belle, il marchoit gravement, avoit l'air très-sérieux, le nez gros, la bouche grande, les lèvres épaisses, le teint brun, les sourcils noirs et forts, et les divers mouvements qu'il leur donnoit lui rendoient la physionomie extrêmement comique. A l'égard de son caractère, ajoute-t-elle, il étoit doux, complaisant, généreux. Il aimoit fort à haranguer[3] ; et quand il lisoit ses pièces aux comédiens, il vouloit qu'ils y menassent leurs enfants pour tirer des conjectures de leurs

[1]. *Lettre sur la vie et les ouvrages de Molière et les comédiens de son temps,* dans le *Mercure,* may 1740, p. 840-841.

[2]. Sur la fin pourtant, il avait bien maigri. Les méchants lui reprochaient surtout la maigreur de ses bras, quand il se risquait encore à jouer la tragédie. (V. *Élomire,* 1670, in-8, p. 108.)

[3]. Nous avons déjà parlé du goût que Molière avait pour les harangues. Aucune, avons-nous dit, ne nous est restée de lui. Voici toutefois quelques détails sur celle qu'il prononça devant la cour aux fêtes données pendant le mois d'août 1668, pour la naissance d'un second fils de France, nommé le duc d'Anjou, et qui mourut fort jeune. Molière, suivant la *Gazette* de

mouvements naturels. » Il y a dans ce dernier détail un souvenir évident de l'enfance intelligente et curieuse de la fille de Du Croisy [1].

Le portrait qu'elle vient de faire est donc certainement authentique, et ceux qui en reproduisent exactement les traits, soit au moyen du crayon, soit en peinture, sont, par conséquent, les seuls auxquels il faut croire: C'est pour cela que je récuse celui qu'on attribue à Sébastien Bourdon et que Beauvarlet a gravé [2], et aussi la plupart de ceux dont M. Soleirol possédait la douteuse collection.

A quel peintre attribuer le portrait en médaillon, sans doute inspiré par celui de Mignard, et qui se voit dans le foyer des comé-

---

Robinet (18 août 1668), après avoir joué *les Fâcheux*, et avant de représenter *le Mariage forcé* :

> *Fit en cinq ou six périodes,*
> *Valant six des meilleures odes,*
> *Un discours qui bien reçu fut,*
> *Et dans lequel beaucoup me plut*
> *Une comparaison d'Hercule....*

1. Elle avait quinze ans lorsque mourut Molière.
2. M. Feuillet de Conches est de mon avis. — V. son curieux travail sur les *Apocryphes de la peinture* dans la *Revue des Deux Mondes*, novembre 1849, p. 621.

diens, au Théâtre-Français? Je ne sais. Je puis dire seulement qu'il fut offert à la Comédie dans la seconde moitié du dernier siècle, et que ce cadeau valut à celui qui l'avait fait une lettre de remerciement signée de Lekain, Brizard, Auger, Dugazon, Hus, Des Essarts [1], etc.

Un portrait, aussi peu connu que le peintre qui l'a fait, est la miniature que Drujon fit du grand poëte, en 1673, l'année même de sa mort; pièce fort curieuse, dont Beffara fait ainsi la description et l'historique dans une lettre à M. de Soleinne, du 18 février 1829 [2].

« Un de mes amis, écrit-il, m'a montré un portrait en miniature de Molière, peint par Drujon, en 1673. » Sur un papier collé, au dos, est écrit : « Donné par Boileau, qui le
« tenait de Molière lui-même, au P. Sanlec-
« que, et par le petit-neveu de ce dernier,
« inspecteur des études, à M. L. F. (Louis
« Fockedey), comme prix de poésie latine en
« 1779. » — « Molière, ajoute Beffara, est représenté écrivant, la joue gauche appuyée

---

1. *Catalogue d'autographes* vendus le 6 juin 1849, p. 88.

2. *Bibliothèque dramatique de M. de Soleinne*, Autographes, p. 12, n° 17.

sur la main, et le coude sur deux volumes in-4º; il est revêtu d'une robe de soie verdâtre, doublée de soie rose; deux ou trois lignes illisibles sont écrites au haut d'un papier et au-dessus de la plume. » Beffara décrit ensuite plusieurs gravures de ce portrait, d'après Martini et Boucher, et conclut ainsi : « Boucher a donc dessiné le portrait de Molière : est-ce sur celui peint par Drujon ? (celui-ci est-il original ou copie ?) ou sur le dessin de Martini, Hambourg, 1751 ? Ou le dessin de Martini a-t-il été fait sur celui de Boucher?» Nous ne résoudrons pas ces questions laissées pendantes par l'excellent chercheur. Nous les laisserons à de plus habiles.

Les admirateurs de Molière, qui voudraient avoir de lui un portrait non moins authentique que les précédents, et fait comme eux d'après nature, n'ont qu'à acheter *l'École des Femmes*, Paris, Claude Barbin, 1663, pet. in-12, *fig*. La gravure du frontispice, qui nous fait voir Arnolphe moralisant Agnès sur le propos du mariage, passe pour être la représentation *au vif* de Molière dans ce rôle[1].

---

1. Sa figure y est la même que celle qui lui est donnée sur le tableau des anciens farceurs placé dans le foyer des acteurs du théâtre français.

La deuxième scène de *l'Impromptu de l'hôtel de Condé*, par Montfleury, met la chose hors de doute.

LE MARQUIS.

Voyons un peu son Escole des Femmes ;
Je l'ay, je m'en souviens, promis à quelques dames.

(En regardant le premier feuillet de l'Escole des Femmes, où Molière est dépeint.)

N'est-ce pas là Molière ?

ALIS, marchande de livres au Palais.

Ouy.

LE MARQUIS.

Ouy, c'est son portrait.

ALIS.

Oui, monsieur : comme c'est un sermon qu'il y fait,
De peur qu'on en doutast, il s'est fait peindre en chaise,

LE MARQUIS.

Point, c'est qu'estant assis on est plus à son aise.
Plus je le vois, et plus je le trouve bien fait.
Ma foy, je ris encor quand je vois ce portrait.

Achetez donc cette première édition de *l'École des Femmes*, et ne vous faites faute, autant que vous les trouverez, de toutes les éditions originales de ses autres comédies. Il semble que Molière y vit mieux tout entier : il les soigna, il les caressa paternellement, il en revit les épreuves, et la trace de sa plume s'y retrouve par l'orthographe, souvent étrange. Bien mieux, il s'en fit quelquefois le vendeur, ainsi qu'on en a la preuve ici : « *Psiché* (sic), *tragédie-ballet*, par J. B. P. Molière, et se vend chez l'auteur, à Paris, 1671. »

VI

On a beaucoup parlé de la mort de Molière, du deuil sincère de ses camarades, des larmes feintes de sa veuve, du mandement proscripteur dont l'archevêque de Paris frappa son cercueil ; mais ce qu'on a toujours oublié de rappeler, c'est que la douleur vraie des amis de Molière trouva sa consécration dans une médaille qui, en même temps qu'elle était un touchant hommage de l'amitié, vengeait le poëte des excommunications de l'Église. L'une de ces médailles funéraires, devenues si rares qu'on n'en soupçonnait même plus l'existence, fut retrouvée à Lyon d'une façon bien étrange. Devinez où ? dans une église, au fond d'une bourse de quêteuse.

La *Revue du Lyonnais*, du mois d'avril 1844, raconte ainsi cette singulière trouvaille :

« A l'une des quêtes faites le jeudi saint... il a été donné, comme un sou, une médaille en bronze représentant, d'un côté, le buste de Molière, avec cette légende : J. B. Po. DE MOLIÈRE, et, de l'autre, un tombeau sur lequel on lit : POETE ET COMÉDIEN; M. EN 1673. Une renommée est au pied de ce *tumulus*. D'une main elle tient une trompette, et de l'autre elle s'appuie sur un globe terrestre.

« Cette médaille, que nous croyons fort rare, nous semble appartenir par son exécution au siècle de Louis XIV. Nous ignorons à quelle occasion elle a pu être frappée, et nous appelons sur cette trouvaille l'attention des numismates. »

A Paris, on commença par douter ; la médaille passa pour un *puff* des journaux lyonnais. Mais les numismatistes, répondant bientôt à l'appel que ce doute public faisait à leur science, fouillèrent dans leurs collections et de nouveaux exemplaires de la précieuse médaille vinrent prouver que la mort de Molière avait été accueillie à Paris autrement que par les proscriptions de l'Église et par les épigrammes des mauvais poëtes [1].

---

1. V. le *Moniteur* de 1844, p. 1,015 et 1,553.

A ce souvenir de la mort de Molière, il faudrait, comme contraste, tâcher de joindre quelque souvenir de sa naissance, rechercher quelque reste de sa maison natale, au coin des rues Saint-Honoré et des Vieilles-Etuves [1].

Ce fut longtemps facile; le débris à conserver n'était pas seulement précieux pour les dévots de Molière, mais pour les curieux des choses du moyen âge. C'était une longue poutre sculptée, semblable à celle qu'on voit encore au coin de la rue Saint-Denis et de la rue des Prêcheurs. Ce *poteau cornier*, pour lui donner son vrai nom, partait de la base du premier étage et montait jusqu'au toit. On y voyait de jeunes singes jouant dans les branches d'un pommier dont ils faisaient tomber les fruits sur le doyen de la bande. Trop vieux pour grimper, il était resté en bas, et sous la grêle de pommes que faisaient pleuvoir les picoreurs, il avait le profit de la vendange sans en avoir la fatigue. N'était-ce pas un curieux apologue en bois sculpté, bien digne de servir d'enseigne à la maison natale du grand observateur, qui mettant à profit tout ce qui tombait pour lui des conversations et des jeux d'esprit

[1]. Notre livre *Molière au théâtre et chez lui* donnera les détails les plus complets sur cette maison.

du monde, ne fit souvent à sa manière que ce que faisait le vieux singe ? On a cependant laissé perdre le vieux *poteau cornier*. Au mois de nivôse an X [1], quand la maison fut détruite, on le recueillit et il fut porté au musée des Petits-Augustins. Il se perdit où on avait voulu qu'il se conservât. Lorsqu'au mois de janvier 1828, Beffara voulut le voir et le faire dessiner, on lui répondit « qu'il avait été détruit et employé dans les bâtiments [2]. » Maintenant, pour s'en faire une idée, il faut recourir à la gravure du tableau de Vincent sur le président Molé. La vieille maison est représentée au fond. Il faut relire aussi la fable de La Mothe, *les Singes* ou *le Pouvoir électif* [3]. C'est le poteau-enseigne qui en inspira le sujet.

---

1. V. le *Moniteur* du 12 nivôse an X, p. 410 ; *la Décade philosophique*, t. XXXII, p. 52, et Blanvillain, *le Pariseum* ou *Tableau actuel de Paris,* 1802, in-12, p. 223.
2. *Mss.* de Beffara, t. III, p. 144.
3. *Fables* de La Mothe, liv. I, fable x.

VII

Les fauteuils de Molière sont de toutes ses reliques les plus populaires, sinon les plus vraies. On en connaît deux, l'un à Pézenas, l'autre à la Comédie-Française; l'un qui l'aurait vu jeune et souriant guetter les ridicules et la sottise dans la boutique du barbier Gelly; l'autre qui l'aurait reçu brisé, mourant, et malade trop réel dans *le Malade imaginaire*, exhalant son dernier rôle dans son dernier soupir. Toute la vie de Molière a passé entre ces deux fauteuils. Aussi nous plairait-il qu'ils fussent authentiques.

A Pézenas, on n'en doute pas pour celui de la boutique de Gelly. « On croit ici au fauteuil de Molière, comme à Montpellier à la robe de Rabelais, » écrivait de Pézenas, le 7 ventôse an VII, M. Poitevin de Saint-Cristol à « son cher compatriote » Cailhava [1]. Depuis lors, la croyance au vieux meuble ne s'est pas affaiblie. L'eût-elle été, d'ailleurs,

---

1. *Études sur Molière*, 1802, in-8, p. 305-307.

qu'en 1836 la notice publiée par M. François Astruc, propriétaire convaincu de la précieuse relique, l'eût singulièrement ranimée[1].

Il décrit son meuble avec une minutie amoureuse. C'est un fauteuil à bras et à long dossier, fait de noyer commun, de forme simple et sans ornement, si ce n'est au devant du siége où sont deux panneaux en assemblage, avec diverses moulures. La hauteur est de 6 pieds 4 pouces et demi, sur lesquels il faut compter 20 pouces pour le siége, et 11 pour la distance du siége aux bras. Ce siége, profond de 16 pouces et large de 22, forme un coffre à fortes charnières, fermant par une serrure dont la large entrée, en écusson, se voit au sommet du siége, entre les deux panneaux à moulures. Malgré son amour pour son meuble, M. Astruc, qui est marchand, n'eût pas résisté au plaisir de le vendre un bon prix. Il l'apporta donc à Paris, mais le musée des Petits-Augustins n'existait plus, le musée de Cluny n'existait pas encore, la Comédie-Française n'était pas riche, et les amateurs n'abondaient pas. Le fauteuil ne trouva pas d'acheteur, et il fallut le rem-

---

1. *Le Fauteuil de Molière*, par M.... (Astruc et Sabatier); Pézenas, Gabriel Bonnet, 1836, in-8.

porter à Pézenas d'où il était pourtant venu avec les meilleurs certificats. On y suivait son histoire complète, depuis le temps du barbier Gelly, jusqu'à M. Astruc inclusivement. Gelly l'avait transmis avec sa boutique et sa maîtrise à son fils Jacques. Celui-ci le laissa en héritage à sa fille Suzanne, qui de son mariage avec Mathieu Jalvy eut elle-même une fille mariée à Pierre-Paul Thomas. Docteur en médecine, et partant peu curieux des souvenirs de l'ennemi des médecins, Thomas céda le meuble à Pierre Brun avec le fonds de boutique, qui des Gelly était passé aux Jalvy. Pierre Astruc l'eut ensuite, et après lui son fils François.

Ce fut comme on voit une transmission sans secousse.

Le fauteuil de la Comédie, ce vénérable meuble dans lequel Molière se serait, dit-on, assis, coiffé du fameux bonnet et vêtu de la célèbre robe de chambre, furtivement empruntée au terrible intendant Foucault [1],

---

1. Le président Hénault dit que c'est Jean Remy, son père, ami de Subligny et des Corneille qui « donna à Molière, pour son *Malade imaginaire*, la robe de chambre et le bonnet de nuit de M. Foucault, son parent, l'homme le plus chagrin et le plus redouté dans

n'eut pas une aussi calme existence. Il suivit les destins du théâtre qui eurent leurs accidents, et même leurs *sinistres*. Je craignais même qu'un de ceux-ci, dont j'ai déjà dit un mot, l'incendie de 1799, à l'Odéon où la Comédie jouait alors, n'eût détruit le respectable débris. M. Régnier, qui sait tant de choses sur le Théâtre-Français, dont il sera le meilleur historien, quand il ne voudra plus en être l'un des meilleurs acteurs, m'a sur ce point complétement rassuré.

L'incendie du mois de germinal an VII, ne fut pas, suivant lui, aussi fatal qu'on le pourrait croire. Comme celui de 1818, il s'attaqua moins à la scène et à ses dépendances, qu'aux diverses parties de la salle. Elle fut presque toute dévorée, du parterre jusqu'aux dernières loges, mais l'épaisseur et la solidité des murs de séparation empêchèrent le feu d'aller plus loin. M. Régnier trouve une preuve de cette innocuité de l'incendie de 1799 dans la conservation de la plupart des choses qui existaient alors à l'Odéon et que la Comédie-Française possède encore. Les

---

sa famille, et qui travailloit toute la journée en robe de chambre. » (*Mémoires du président Hénault*; Paris, Ed. Dentu, 1855, in-8, p. 4-5.)

papiers, dont quelques-uns, tels que le manuscrit de La Grange, datent du temps de Molière lui-même; les bustes précieux qui ornent encore le foyer du public, les portraits historiques qui décorent celui des acteurs, la statue de Voltaire dans le péristyle, etc., sont du nombre. Enfin, M. Régnier nous a rappelé la charmante loge de mademoiselle Contat, qui existe encore aux étages supérieurs de l'Odéon, avec son plafond tout pimpant de dorures et de peintures, et telle à peu près que le comte d'Artois avait eu soin de la faire orner pour la célèbre comédienne. Elle n'eût certainement pas été épargnée, si le feu de 1799 et l'incendie de 1818 eussent porté leurs ravages au delà de la scène.

Il faut donc induire de tout cela qu'il n'y eut que peu ou point de choses précieuses à regretter dans les archives et parmi les meubles de la Comédie=Française après le désastre du 18 mars 1799, et que, malgré le dire de Grandménil à l'ami de M. Taschereau, ce n'est pas là qu'il faut chercher la cause de la disparition des papiers de Molière.

Si nous n'en possédons pas, c'est qu'en 1799 on n'en avait déjà plus aucun.

Le fauteuil du *Malade imaginaire* n'aurait

pas été détruit plus que le reste, selon M. Régnier. Nous lui avons opposé ce passage de *la Décade philosophique* du 10 germinal an VII[1] : « Tout ce qui a appartenu à un grand homme nous est cher; on se plaît à retrouver son souvenir dans les objets qui furent à son usage. On conservait religieusement à l'Odéon le fauteuil sur lequel Molière jouait *le Malade imaginaire*, l'incendie qui vient de consumer cet édifice n'a pas respecté ce meuble précieux. » Il n'en a pas moins tenu bon.

Pour soutenir que l'incendie ne l'atteignit pas, il nous opposa la raison concluante du rapport du garçon de théâtre qui sauva le respectable fauteuil. Au risque de lui casser quelque membre, il le jeta par une fenêtre au moment où l'on craignit que l'incendie n'allât plus loin que la scène.

Sur l'authenticité de la relique, il est moins formel, il ne la garantit pas ; et nous ne prendrons pas sur nous de la garantir davantage. Nous ajouterons toutefois qu'au XVIIIe siècle, sur la foi d'une tradition continue, elle ne semblait pas douteuse.

---

1. Troisième trimestre, n° 19, p. 48.

On avait placé le respectable fauteuil dans la salle du comité, et Baron, qui se croyait sérieusement le successeur de Molière, ne manquait jamais d'y venir trôner à sa manière [1].

Dans la petite comédie qui servit, en 1782, de pièce d'ouverture au nouveau Théâtre-Français (l'Odéon), et dont le titre était : *Molière à la nouvelle salle* ou *les Audiences de Thalie*, La Harpe se croyait fort bien autorisé à faire dire par la Muse comique, montrant du doigt le vieux meuble :

Mais vraiment ce fauteuil en vaut bien quelques autres,
 C'est dommage qu'il soit vacant ;
La gloire d'y siéger ne serait pas vulgaire.
Mais depuis bien longtemps, et c'est mon désespoir,
 On n'y voit personne s'asseoir,
 Que le Malade imaginaire.

Le brave valet de théâtre qui se dévoua pour le préserver croyait bien aussi sauver un meuble de Molière. Le théâtre lui en tint compte et le pensionna jusqu'à sa mort.

Ce garçon, nous a dit M. Régnier, se nommait Pontus. Sa famille, qui se perpétua dans le service de la Comédie-Française, où elle

---

1. *Paris, Versailles et les provinces au* XVIIIe *siècle*, 1823, in-8, t. II, p. 264.

était encore représentée, il y a vingt ans, par mademoiselle Pontus, dernière du nom, avait été fort longtemps attachée à notre premier théâtre. En cherchant dans les almanachs dramatiques, même les plus anciens, nous l'y trouvons. Dans *les Spectacles de Paris* de 1780, par exemple, nous lisons, parmi les ouvriers employés à la Comédie, le nom de PONTUS, TAILLEUR. Dans le même almanach, pour l'année 1782, nous le rencontrons encore avec l'indication de sa demeure, rue Dauphine.

La perpétuité d'une même famille dans le service de la Comédie-Française n'a pas que ce seul exemple.

M. Taschereau parle, d'après Auger, d'une autre famille de vieux serviteurs qui, depuis Molière jusqu'à nos jours, « a fourni sans interruption des concierges au théâtre. » Il faut rappeler aussi la famille Laurent, dont le dernier survivant est un des employés supérieurs de la Comédie.

Déjà, du temps de Molière, un Laurent était attaché au théâtre. Quand Tartuffe, à sa première entrée en scène, se retournait vivement pour dire à la cantonade :

Laurent! serrez ma hère avec ma discipline, etc.,

c'est à Laurent, le valet du théâtre, qu'il s'adressait. Molière avait trouvé le nom heureux, et l'avait donné au *cuistre* dévot qui servait son imposteur.

Dans la *Critique du Tartuffe*, petit acte en vers, méchants à tous égards, qu'un anonyme, —peut-être Pradon,—décocha contre le chef-d'œuvre, Laurens (*sic*), le valet, joue l'un des principaux rôles [1]. Il y recommence, en vers des plus maussades, la plupart des scènes dans lesquelles Molière a fait parler l'imposteur. Ainsi, il a une scène avec Lise, la soubrette, contre-partie de la scène entre Dorine et Tartuffe. Le comique est nul, l'esprit manque toujours, mais les injures et les obscénités abondent. Nous n'en citerons que ces vers où le Laurens, bavard de la *Critique*, parle du Laurent muet de *Tartuffe* :

Que Laurens, mon portrait, mérite qu'on le prise!
Lui seul à l'auditeur n'a point dit de sottise,
Et, loin de m'en choquer, je m'en loûrois toujours.

Pourquoi le Laurens du sot anonyme n'est-il pas aussi discret ?

---

[1]. Il paraît aussi dans la pièce anglaise imitée de *Tartuffe*. V. le chapitre suivant.

Depuis le vrai Laurent, dont Molière avait emprunté le nom, jusqu'à celui d'aujourd'hui, les Laurent devaient faire souche à la Comédie-Française. Sur ce point encore, les almanachs de spectacles nous sont d'excellents éclaireurs. Dans celui de 1757 — le plus ancien de ceux que nous ayons sous les yeux — on lit [1] : « *Mademoiselle Laurent* [2] *reçoit les billets des secondes loges.* » Sept ans après, elle a monté en grade. Elle tient en main toute la location. L'almanach de 1764 dit : « *Il faut s'adresser à mademoiselle Laurent pour louer les loges à l'Hotel des Comédiens* [3]. »

Nous n'aurions qu'à chercher pour trouver certainement une mention analogue dans les cinq almanachs qui précédèrent celui de 1757, et dans tous ceux qui suivirent : ici, pour les ascendants ; là, pour les descendants de mademoiselle Laurent.

Une autre famille s'éternisa de même dans le service de la Comédie, c'est la famille Cros-

---

1. *Les Spectacles de Paris*, 1757, in-32, p. 58.
2. Il ne faut pas oublier qu'on disait alors mademoiselle pour madame lorsqu'il s'agissait d'une bourgeoise, et qu'ici mademoiselle c'est sans nul doute madame Laurent.
3. *Les Spectacles de Paris*, 1764, in-32, p. 52.

nier, qui dé là, passa plus tard à l'Académie royale de Musique.

En 1691, le Théâtre-Français avait déjà une ouvreuse de loges de ce nom. Palaprat, dans son petit acte des *Sifflets*, qui sert de *prologue* au *Grondeur* [1], fait dire, à propos de la contenance bruyante et scandaleuse du public des loges :

DAMON.

Aux loges, aux balcons quelquefois il se passe
Des scènes...

LICIDAS.

De tout temps les femmes ont parlé ;
C'est un point sur lequel on doit leur faire grâce.
Il est vrai, quelquefois, l'acteur en est troublé,
Mais on les voit au moins qui demeurent en place.

DAMON.

Grâces à la Crosnier qui les renferme à clé.

Le Théâtre-Français est, on vient de le voir, un bon maître, la mémoire des vieux services, la fidélité aux mêmes familles de serviteurs, sont de tradition chez lui, comme l'honneur et le talent. Ce sont des mérites de cœur qu'il tient de Molière lui-même.

1. *Œuvres de Palaprat*, 1711, in-8, t. I, p. 104.

Poquelin se souvenait qu'il était du peuple, et il était doux et bienveillant aux gens sortis du peuple qui étaient à son service. Vous savez combien il fut bon maître pour cette joyeuse la Forêt, à qui il lisait ses ouvrages; vous venez de voir qu'il donna à Laurent, le valet des coulisses, la petite vanité de s'entendre nommer en scène; il en fit autant pour mademoiselle Flipotte, l'une des servantes du théâtre. Voulant en trouver une pour madame Pernelle, c'est celle-ci qu'il prit toute baptisée. La vraie mademoiselle Flipotte figure dans les registres de la Comédie du temps de Molière.

Pour la Martine des *Femmes savantes*, il fit mieux encore. C'est d'abord Madeleine Béjard qui, ayant joué le rôle de Dorine [1], devait jouer celui-là; elle mourut un mois avant la représentation. Il revenait alors de droit à mademoiselle Beauval; et, pourtant, ce n'est pas elle qui le joua. Peut-être, dans un de ces

---

1. Robinet, dans sa *Gazette* du 23 février 1669, parlant de la représentation de *Tartuffe*, dit:

> Dorine, maîtresse suivante,
> Est encore bien divertissante.

Et en note: *Mademoiselle Béjard.*

caprices qui la rendaient si difficile à vivre, refusa-t-elle de s'en charger, d'abord parce qu'il n'avait pas été écrit à son intention; ensuite parce que, fort ignorante elle-même, elle craignait les allusions que lui auraient values les barbarismes de la très-ignorante Martine. C'est à peine en effet si la Beauval savait lire, et pourtant elle faisait la belle parleuse, compliquant ainsi par le ridicule de Philaminte et de Bélise l'ignorance de la servante. Comment, hautaine et prétentieuse comme elle était, vouliez-vous qu'elle acceptât un rôle qui la parodiait si bien?

Quand Martine eût dit ce que vous savez sur la *grammaire*[1], on eût crié du parterre et

---

[1]. Sur ce mot, nous devons ajouter qu'au temps de Molière, on le prononçait *granmaire*; nous en avons la preuve dans le titre du livre où l'abbé de Dangeau, devancier de M. Marle, prétend rapprocher l'orthographe de la prononciation : *Essais de granmaire qui contiennent une lettre sur l'ortografe*, etc. Dangeau orthographie ici comme devait prononcer Bélise quand Martine lui répond :

Qui parle d'offenser grand-père ni grand-mère?

Aussi, dans son livre sur *le Langage de Molière* (p. 20), M. F. Génin, quoique ne citant aucun exemple, a-t-il raison de dire, à propos du quiproquo de Martine : « Le jeu de mots est exact, suivant la bonne pronon-

des loges que mademoiselle Beauval n'en savait pas davantage, et parlait pour elle-même. Bref, elle ne joua pas Martine ; et, le plus étrange, c'est, je l'ai déjà dit, que Molière chargea du rôle une de ses servantes.

Un article du *Mercure*[1] nous le certifie. La distribution de la pièce, telle qu'elle fut jouée la première fois, s'y trouve tout entière ; or, à propos du rôle qui nous occupe, on lit : « *Marine* (sic), une servante de M. de Molière, qui portait ce nom. » Nous croyons à ce détail, tout singulier qu'il paraisse. M. Régnier y croit comme nous, et nous faisons en cela comme Aimé Martin. Suivant lui, l'écrivain du *Mercure* devait tenir le fait de Baron lui-même, qui avait joué d'original le rôle d'Ariste dans cette comédie et qui vivait encore en 1723.

Nous arrêterons ici ce long chapitre. Un dernier mot cependant encore sur ce qui concerne la disparition des livres de Molière : M. Régnier ne s'en prend, comme pour la disparition des manuscrits, qu'à l'incurie de

ciation d'autrefois. » Aujourd'hui, pouvait-il ajouter, on ne le comprend plus.

1. Juillet 1723, p. 129.—Nous avons parlé plus haut de cette Marine ou Martine, p. 125, note.

la femme de Molière et de la femme de La Grange qui vendit tout ce que ce comédien tenait de l'indigne veuve.

Quant aux restes de Molière, transférés du cimetière Saint-Joseph à celui du Père-Lachaise, il les croit peu authentiques, vu l'absence de l'épitaphe lors de l'exhumation, et le peu de certitude des traditions qui servirent d'indices. Nous avons prouvé qu'il avait mille fois raison.

Lorsque nous lui avons parlé de l'académicien qui, présent à cette exhumation, détacha, dit-on, une dent de son alvéole et s'en fit une breloque de montre, il a haussé les épaules, et s'est moqué, comme nous, de l'article du *Mercure* d'avril 1811 [1], qui s'était fait l'écho de ce conte [2].

---

1. P. 76.

2. Un autre membre de l'Institut possédait un os de Molière. « Il l'avait fait vitrifier, et s'en était fait faire une bague. » (*Mss.* de Beffara, t. III, p. 41.) « M. de La Porte, ancien régisseur de l'Opéra-Comique, dit encore Beffara (*ibid.*), prétend avoir une dent de Molière. Il l'a eue au musée des Petits-Augustins, lors des opérations constatées par les procès-verbaux des 18 floréal, 17 thermidor an VII, et 17 vendémiaire an VIII. »

MOLIÈRE

ET

LE PROCÈS DU PAIN MOLLET

I

Le XVIIe siècle n'est pas aussi grave qu'on pourrait le penser, à voir l'air solennel de ses grands hommes. Il a, tout aussi bien que l'époque la plus folle, ses côtés plaisants et ses amusants épisodes. Tout son burlesque n'est point dans Scarron, Cyrano de Bergerac ou Dassoucy ; et je sais bon nombre de ses comédies qui n'ont pas été jouées par Molière.

Dans celle pourtant que je vais vous dire, il se pourrait que le grand comique ait eu sa part. Il s'agissait de médecins, comment n'y eût-il pas réclamé un rôle ? En ce cas, Racine dut certes lui envier de s'y être ainsi donné une place pour bien voir et bien rire, lui qui fit *les Plaideurs*, et qui, à ce titre, méritait d'y figurer aussi. En effet, pour vous le dire sans retard, si les médecins vont figurer ici, ce n'est point comme assemblée consultante et synode médicamentant, mais bien comme tribunal; il s'agit d'un procès dont ils sont les juges. Vous voyez que Molière et Racine auraient eu droit d'y paraître ensemble et d'y rire de compagnie.

Voici le fait, pour commencer ici comme on finissait au Châtelet, et pour ne pas nous égarer dans les évolutions digressives de maître l'Intimé et de maître Petit-Jean.

En ce temps-là, plus encore qu'aujourd'hui peut-être, et pourtant Dieu sait où ne vont pas l'art et le luxe de la boulangerie! on avait fait des diverses espèces de pain, affaire de mode et de friandise. Il y en avait de toute pâte, de toute forme, et, par conséquent, de tout prix, depuis le *pain coco* de Languedoc, fin, appétissant, mollet, pétri avec du sucre et des œufs, et dont notre gros pain *jocko*, bien qu'il en rappelle le nom, a si peu gardé la délicatesse; depuis le *pain de Gentilly*, fait au beurre; le *pain à la Montauron*, qui se pétrissait dans du lait; le *pain Mouton* déjà célèbre du temps de Gros-Guillaume [1], et qui se criait par les rues sur un air particulier [2]; le *pain de Gonesse*, si recherché pour le ménage, avec sa pâte légère et ses grands yeux, dont le proverbe espagnol fait la meilleure preuve de bonté pour le pain : *Pan con oyos, queso sin ojos;* depuis le *pain de Ségovie*, le *pain de condition*, le *pain d'esprit*, le *pain à la mode*, etc., jusqu'à ce pain sans biseau qu'on appelait *pain de rive*, et qui était « relevé de croûte croquante sous la dent, » comme l'a dit si bien, dans *le Bourgeois gentilhomme*, Molière, qui montre ainsi déjà sa compétence dans la matière; enfin, jusqu'au fameux *pain à la reine*, cause très-appétissante du débat dont il nous faut maintenant parler.

---

1. V. nos *Variétés historiques et littéraires*. Bibliothèque elzévirienne, t. IV, p. 231.

2. L'abbé de Marolles parle d'une femme « qui s'estoit fait un air tout particulier pour la distinguer de toutes les autres, allant par les rues pour vendre certains petits pains qu'elle appeloit de mouton. » *Les quinze livres des Deipnosophistes d'Athénée, ouvrage délicieux, traduit pour la première fois en françois...* par l'abbé de Marolles, 1680, in-4, *Discours pour la préface*, p. xxxix.

Cette sorte de pain, qui devait son nom à la préférence que lui avait donnée la reine Marie de Médicis, était à la mode depuis un demi-siècle, au grand déplaisir des cabaretiers et des hôteliers. C'est le seul, en effet, dont voulussent manger leurs pratiques : or, bien qu'il ne fût pas d'une pâte beaucoup plus délicate que le pain de ménage, puisque le sel qu'on y mettait et la levure de bière qui servait à sa confection, faisaient la seule différence, les boulangers le vendaient plus cher. C'était une raison pour que les taverniers, auxquels on en demandait toujours, cherchassent à faire aussi payer plus cher la *repue* prise chez eux ; mais les pratiques n'y voulaient point entendre, et il y avait ainsi perte pour le cabaret. De là des querelles et des rixes, le cabaretier s'en prenant au boulanger des causes de son dommage, et se payant sur lui en belles injures et parfois en rudes horions.

Les boulangers de Gonesse, qui fournissaient Paris de pain de ménage, et auxquels faisait tout aussi grand tort, au moins, ce *petit pain*, ce *pain mollet*, ce *pain à la reine*, comme on l'appelait indistinctement, se joignaient aux taverniers et daubaient avec eux d'importance sur ces pétrisseurs mignons.

Après qu'on se fût bien querellé, bien chamaillé, bien battu, l'on plaida.

Voici comment Guy-Patin, qui fut juge dans l'affaire, nous explique la raison du procès, et les motifs allégués contre les boulangers par les taverniers, au nom de la santé publique, qu'on ne s'attendait guère, je crois, à voir intervenir dans ce débat, surtout avec de pareils défenseurs :

« Les boulangers de petit pain, écrit-il dans sa lettre du 13 novembre 1668[1], ont ici un gros procez contre les cabaretiers et hôteliers : ceux-ci accusent les boulangers de faire leur pain avec la leveure de biere et non avec du franc-levain : les cabaretiers sont accusez de frelater et mixtionner leur vin; c'est M. du Laurens, conseiller de la grande chambre, qui est le rapporteur de ce procez, dans lequel sont aussi enveloppez plusieurs autres chefs : outre que les chaircutiers y sont aussi melez, qui sont accusez pour leur salé : voilà trois metiers de Paris qui sont bien échauffez les uns contre les autres : MM. du parlement

---

[1]. *Lettres de Guy-Patin*, édit. Reveillé-Parise, t. III, p. 685.

ont députe six médecins de notre Faculté, desquels je suis l'ancien, MM. Brayer, Blondel, Perrault [1], Courtois et Rainssant; ce dernier est tout jeune, et n'est encore guère capable de juger, mais c'est qu'il est médecin de la Conciergerie; nous nous assemblerons un de ces jours là-dessus, et ferons le procez à cette leveure de biere qui n'est qu'une vilaine écume. »

Par ces derniers mots, Guy-Patin dit nettement d'avance pour quel parti il est prêt à tenir.

Les défenseurs du pain mollet n'ont qu'à bien se mettre en garde, ils vont avoir en lui un rude antagoniste.

Perrault, en revanche, se fit *pain molliste* acharné.

C'est entre lui et Guy-Patin que se passa le plus fort de la lutte.

Sur les vigoureuses estocades qu'ils se poussèrent, bardés comme ils l'étaient de

---

[1]. C'est bien Perrault qu'il faut lire, quoique tous les éditeurs de Guy-Patin aient écrit Ferault. La faute a été répétée par la plupart de ceux qui ont parlé de cette affaire. *Le Traité de la police* écrit bien *Claude Perrault*, et Grosley n'a pas manqué de faire comme lui.

citations et d'arguments *hygiéniques*,—le mot était déjà fait alors;—sur cette chaude et pédantesque bataille de médecins, pédagogues jusqu'aux dents et affamés de disputes, où seul ce pauvre pain mollet avait chance de n'être pas dévoré, il y avait certainement à faire quelque épopée burlesque, qui ne l'eût pas cédé, pour le fond comique, au *Lutrin* de Boileau, ou bien au poëme du *Pain bénit* de l'abbé de Marigny. Boileau surtout aurait dû s'en occuper, puisqu'il eût trouvé là, parmi les docteurs consultants, son ennemi Claude Perrault.

Le rapport tout entier, que signa celui-ci de compagnie avec son confrère Rainssant, eût été pour Despréaux matière à malice et thème à bons mots.

Il n'aurait eu qu'à le paraphraser en vers pour avoir un poëme burlesque tout fait.

Par la pédantesque conclusion l'on jugera du reste :

« Nous permettons, disaient doctoralement, Rainssant et Perrault, nous permettons le petit pain, à condition que son usage, de même que celui du pain de franc levain, sera réglé selon les lois de la médecine, sans laquelle il n'y a rien qui ne soit nuisible. »

Rien que pour ce trait de la fin, Molière aurait pu disputer à Boileau l'honneur de faire le poëme si bien indiqué. Personne cependant ne l'écrivit.

II

Cent ans seulement après, il se rencontra un savant, et je dis des plus fameux de son temps,—ce n'est pas moins que M. de La Condamine,—à qui la chose sembla si plaisante, qu'il se fit tout exprès rimeur pour se donner le plaisir de la mettre en rimes [1].

S'inspirant de la lettre de Guy-Patin et des lourdes pages du *Traité de la Police*, du commissaire de Lamare, où l'affaire se trouve plus amplement racontée [2], voici de quelle manière il résume les débats, sans presque sortir de la vérité.

S'en écarter, c'eût été vouloir ne plus être

---

1. C'est à propos de l'affaire sur l'inoculation, qui avait plus d'un rapport avec celle-ci, qu'il fit son petit *Factum*. (V. *Correspond.* de Grimm du 1ᵉʳ avril 1765, 3ᵉ édit., t. IV, p. 231.)

2. Liv. IV, tit. IV; t. I, p. 592-599.

plaisant :

> ... *Les pères de la Patrie,*
> *Tuteurs nés de notre santé,*
> *Ordonnent à la Faculté*
> *De déclarer sans flatterie*
> *Ce qu'on doit penser de la mie*
> *Que mâchent depuis soixante ans*
> *Ceux mêmes qui n'ont point de dents.*
> *Elle pourrait bien s'être aigrie !*
> *Gui-Patin, l'Astruc de son temps*
> *Et le chef des contredisants,*
> *Ainsi le soutient, et s'écrie*
> *En haraguant sa confrérie :*
> « *J'augure les maux les plus grands*
> « *De cette funeste industrie*
> « *Qui flatte le goût des gourmands.*
> « *Oui, des meilleurs tempéraments*
> « *Elle peut troubler l'harmonie :*
> « *Tel est l'effet des poisons lents*
> *Qui minent sourdement la vie.* »
> *Il conclut que la mort volait*
> *Sur les ailes du pain mollet.*
> *Lors Ferault* [1]*, son antagoniste,*
> *Dit tout haut :* « *Je suis pain-molliste,*
> « *Messieurs, et je vous soutiendrai*
> « *Que nous l'avons bien digéré.* »
> *Patin répond :* « *Mais la levure,*
> « *Et celle de Flandres surtout,*
> « *Ce ferment d'une bière impure,*
> « *Est un germe de pourriture*
> « *Contraire à l'humaine nature.*

1. Nous avons dit qu'il faut lire Perrault.

> « Quel démon a soufflé le goût
> « De cette invention moderne?
> « — Moderne! interrompit Ferrault,
> « Votre mémoire est en défaut;
> « Apprenez qu'au canton de Berne
> « On en fit au temps d'Holopherne.
> « Mais ne remontons pas si haut
> « De la levure l'origine,
> « Et vous la trouverez dans Pline :
> « Je vois bien que maître Patin
> « Sait mieux le grec que le latin. »
> Patin fait un saut en arrière,
> Et, sur la levure de bière,
> Chacun des deux docteurs est prêt
> De prendre l'autre à la crinière :
> La Cour à leur ardeur guerrière
> Met le holà par son arrêt :
> « Défendons d'acheter ni vendre
> « Levain ni levure de Flandre :
> « Condamnons les contrevenants
> « A l'amende de cinq cents francs. »

Les choses ne se passèrent pas tout à fait comme le dit ici M. de La Condamine. On voit bien qu'il n'est pas homme de justice, il mène rondement les débats, et les dirige en vrai poëte. Pour arriver au dénoûment, qu'il amène en quelques vers; pour tenir cette sentence de conclusion chez lui si prestement rendue, si brièvement formulée, il ne fallut pas attendre moins de deux années au parlement ; encore un seul arrêt ne suffit-il pas. Je ne parle pas, bien entendu, de ceux qui dépendirent seulement des médecins arbitres, mais bien des arrêts des vrais juges, qui même, soit dit en passant, ne furent pas toujours d'accord avec l'arbitrage. Le premier rendu est du nombre. Loin d'être aussi sévère que le verdict rimé tout à l'heure par notre savant, qui, trop préoccupé de ce que décidèrent les médecins, prit leur sentence pour celle de la justice, cet arrêt donna gain de cause aux boulangers, contre les cabaretiers, leurs ennemis, et contre les médecins, leurs arbitres.

Messieurs du parlement n'avaient pas voulu être ingrats envers ce pauvre pain mollet, dont leur boulanger en titre, aussi bien que celui qui se faisait appeler « Boulanger de Monsieur, » les régalait depuis si longtemps [1]. Mais l'année d'après, sur un appel de l'adverse partie, et sans doute aussi sur une réclamation des médecins conjurés, ils se montrèrent plus rigoureux. L'usage de la levure commençait à leur sembler moins salubre, et tout ce qu'ils purent faire pour ne point se déjuger eux-mêmes, en sacrifiant trop vite

1. V. Abraham du Pradel (de Blegny), le *Livre commode des adresses*, art. PANNETERIE.

leur première sentence à leur opinion nouvelle, ce fut, au lieu de prohiber nettement l'emploi de la levure, de le permettre seulement pour un temps donné.

Que dites-vous de ce *provisoire* admis dans une question qui intéresse la santé de tous ? Que vous semble de ce bel arrêt, qui, de par la loi, enjoint à la substance en litige d'être bonne et saine jusqu'à ce qu'on arrive à l'époque, marquée par Messieurs, où elle ne devra plus l'être ? On voit, de reste, que la Faculté, qui avait si bien alors la prétention de statuer souverainement sur toutes les questions de salubrité, et de faire la pluie et le beau temps dans la santé publique, a dû prendre part à cette belle justice.

Cependant les arbitrages, les expertises de toutes sortes n'avaient pas manqué.

Après consultation prise des gens d'art et de doctrine, on avait fait tout simplement appel aux hommes de bon sens, et c'est sans doute ce qui avait valu aux boulangers le gain de la première sentence.

Quelques-uns des notables de la bourgeoisie et du corps des marchands [1] avaient dû donner

[1]. Dans le nombre se trouvait un Charles Le Brun que Grosley a pris pour le peintre du roi, mais qui

leur avis de vive voix ou par écrit ; on avait aussi pris des arbitres parmi les juges consuls de la ville : or c'est ici que nous arrivons au fait principal de ce chapitre, le seul même qui nous ait engagé à l'entreprendre, ou qui tout au moins nous ait empêché d'imiter la brièveté de M. de La Condamine, en le faisant tourner aussi court qu'il l'avait fait pour son petit poëme. C'est ici enfin que nous allons rencontrer Molière.

III

Parmi les juges consuls en charge alors, c'est-à-dire à la fin de 1668, qui vit commencer ce bizarre procès, et pendant l'année suivante, qui ne le vit pas finir, celui qu'on prit pour arbitre, à la place d'un autre choisi d'abord, et décédé presque aussitôt[1] était un

---

n'était réellement qu'un marchand, comme le prouve sa déclaration.

1. Cet autre était Claude Prévost, qui devait être parent de la femme de Guy Poquelin, comme on le verra plus loin. C'est par arrêt du 25 janvier 1669, que Guy Poquelin fut nommé pour remplacer Prévost.

riche drapier des halles, qui s'appelait Guy Poquelin.

Vous voyez déjà ce que ce nom promet.

F. R. Léonard, de qui il est resté sur *nos établissements littéraires* un manuscrit daté de 1701, dans lequel sont consignés le nom des parents de Molière qui furent juges consuls à Paris, mentionne formellement Guy Poquelin, *drapier*, comme en occupant les fonctions en l'année que j'ai dite tout à l'heure [1]; le choix qu'on fait ici de lui prouve l'estime qu'il s'était acquise en les remplissant.

Il était de la famille de Molière, voilà ce qui est certain [2] et ce qui nous importe [3]. A

1. Le fragment du manuscrit de Léonard a été reproduit par Delort (*Mes Voyages aux environs de Paris*, t. II, p. 199), et, d'après lui, par M. Taschereau (*Histoire de la vie et des ouvrages de Molière*, p. 207.)

2. Grosley, qui s'est avant nous occupé de cette affaire et à qui nous devons de la connaître, ne doute pas de cette parenté. V. ses *Œuvres inédites* (Voyage en Hollande), t. III, p. 166-173.—On ne s'attendait certainement pas à trouver des détails et des vues nouvelles sur ce procès dans un *Voyage en Hollande*; aussi personne avant nous, si ce n'est toutefois Barbier, n'y était allé voir. V. ses *Observations sur Grimm*, p. 335.

3. Beffara constate qu'il existait plusieurs branches

quel degré? c'est ce que nous rechercherons dans notre prochain livre où les Poquelin, de toute classe, auront leur histoire.

C'était un bourgeois d'importance. Son titre de consul, en 1668, l'indique, et son rôle pendant la Fronde le confirme. Proche parent par sa femme[1] du chanoine de Notre-Dame, Charles Prévost, conseiller clerc au parlement, il s'était jeté avec lui dans le parti de Mazarin, et avait pris part aux asssemblées du Palais-Royal, en 1652. Dans une des mazarinades les plus rares[2], où tous les assistants à ces assemblées antifrondeuses sont malmenés « comme adhérents et complices, papetiers et torche-culs de Mazarin, » Guy Poquelain (*sic*) figure auprès de Charles Prévost, le plus maltraité de tous. Il y est dit de lui, entre autres choses :

Prevost : prends, ravis, emporte, vole, oste,
Serre tout.

de la famille Poquelin, et conclut qu'ils étaient tous parents à divers degrés. (V. ses *Mss.* t. V, p. 57.)

1. Elle s'appelait Suzanne Prévost.—Marin Prévost, bourgeois de la même famille, eut, en novembre 1661, une fille dont Molière fut parrain.

2. *Requeste de la Justice au Parlement contre un de ses principaux ministres...*, 1652, in-4º de 8 pages.

A quelques jours de là, résolution étant prise par les bourgeois d'envoyer des députés de leur milice au roi pour le prier de revenir de Saint-Germain à Paris, un Poquelin se trouve dans la députation [1].

C'est encore notre Guy Poquelin. Il n'est pas là en mauvaise compagnie : il figure dans la *colonelle* de Champlâtreux, non loin de Colbert qui fait partie de la *colonelle* de Favière. Partisan zélé de Mazarin, et collègue de Colbert dans cette démarche importante, Guy Poquelin devait être pour Molière un parent plus utile que compromettant.

De toute la famille, assez dédaigneuse pour le poëte [2], qui lui rendait ses dédains en moquerie, il semble avoir été le seul qui fût

---

1. V. *Liste des Députés de la milice de Paris;* Paris, Pierre Le Petit, 1652, 8 pages.

2. Bret, dans le *Supplément à la vie de Molière* qu'il donna en tête des *Œuvres* (1773, in-8°, t. I, p. 52), dit qu'il eut sous les yeux un arbre généalogique de la famille des Poquelin établis à Paris. « Qui le croirait ? ajoute-t-il, J. B. Poquelin, dit Molière, ne s'y trouve point. Sa profession de comédien l'en a exclu. » Bret veut parler, sans doute, du *Tableau généalogique de la famille Brochant et de la famille Poquelain*, que l'on conserve aux Archives. Molière, en effet, n'y figure pas.

lié d'amitié avec lui. Il mérita par là que de tous les Poquelin, deux de ses descendants furent les seuls qui survécurent pour assister, en 1773, à la fête donnée par l'Académie, pour la centenaire de Molière [1].

Il s'était lancé dans les grosses affaires, aussi bien que Molière lui-même, qui, s'il faut en croire Bret [2], fut un des trente associés de la compagnie d'assurances créée par Colbert; aussi bien qu'un autre Poquelin, Robert, le plus riche de tous, frère de Guy peut-être [3], et que nous trouvons au nombre des consuls en 1647 et en 1663.

---

[1]. M. Poquelin et l'abbé de La Fosse, son neveu, qui furent conviés par l'Académie à cette solennité de réparation en l'honneur de Molière, descendaient tous deux, l'un comme petit-fils, l'autre comme arrière-petit-fils, de Pierre Poquelin, fils de notre Guy Poquelin.

[2]. *Supplément à la vie de Molière*, p. 58.

[3]. Selon Beffara, ce Robert Poquelin serait, avec Guy et Louis, fils de Jean Poquelin et d'Anne Gaudé. Son fils épousa la fille du riche marchand Gandouin, autre parent de Molière, qui le prit, suivant Grimarest, pour type du *Bourgeois gentilhomme*. Ils eurent un fils, nommé Robert, docteur en Sorbonne, qui entre autres biens possédait un magnifique hôtel, rue de Cléry, qu'il donna, par acte du 8 juin 1700, à son neveu Louis de Lubert, grand mélomane, qui y fonda la société des *Mélophilètes*. André Chénier habitait cet hôtel quand

Ce Robert Poquelin logeait en 1637 aux *Deux Cygnes,* rue Saint-Denis, vers celle d'Aubry-le-Boucher [1]. Il était du corps si considérable et si nombreux de la mercerie. C'est lui qui des premiers demanda la fondation de la compagnie des Indes orientales [2], créée au mois d'août 1664, et dans laquelle il eut le roi et Colbert pour co-associés [3].

Guy Poquelin, en étendant son négoce, s'était aussi engagé dans les affaires d'outremer. Il put s'y bien trouver de l'aide que Molière fût en état de lui donner, rien ne lui étant impossible près de Colbert et du roi.

il fut arrêté. — Les Poquelin avaient de nombreuses propriétés à Paris et dans la banlieue. Il est notamment de tradition, à Montfermeil, qu'ils possédaient des terres de ce côté et que Molière y venait souvent voir le procureur Prochasson. Le *bois Scapin,* célèbre dans le pays, lui devrait, dit-on, son nom.

1. V. à la Biblioth. impér. le *mss.* 1584, fonds Saint-Germain.

2. *Articles et conditions sur lesquelles les marchands négotiants du royaume supplient très humblement le Roy de leur accorder sa déclaration... pour l'establissement d'une Compagnie pour le commerce des Indes orientales.* A Bourdeaux, 1664, in-4°, p. 11.

3. Robert Poquelin fut directeur de cette compagnie, charge importante, dans laquelle son fils, mort en 1693, lui succéda.

« Dès l'année 1665, dit Grosley, le crédit de Molière avoit procuré à ce Poquelin un débouché pour son commerce dans la marine, que l'intendant Colbert travailloit alors à créer. On l'apprend par l'avis que ce ministre adressa à toutes les villes commerçantes, du parti pris par les Anglois de ne point troubler le commerce des François. Parmi les faits allégués pour les rassurer, on allègue la conduite pacifique d'une escadre angloise, à l'égard « de trois navires françois, dans la « cargaison desquels le sieur Poquelin, mar- « chand à Paris, étoit intéressé[1]. »

Les bonnes relations de Molière et de Guy Poquelin devaient certainement exister toujours en 1668, lorsque notre riche drapier, exerçant les fonctions consulaires, fut appelé comme tel en arbitrage dans le fameux procès qui venait de s'entamer. Or, cette fois encore, comme vous l'allez voir, l'aide de son parent le poëte ne lui fut peut-être pas inutile.

Il ne s'agissait pas seulement d'expertiser et de juger, il fallait aussi préciser par écrit son expertise, formuler en bons termes son

---

1. *Lettres et négociations* de Jean de Witt, t. II, p. 107.

jugement, et le style, sans doute, n'était guère le fait de notre drapier. Aussi l'embarras ne dut-il pas être pour lui d'avoir du bon sens et de l'expérience, mais bien de prouver, plume en main, qu'il en avait de reste et qu'il jugeait sainement.

Il est vrai de dire qu'on lui avait adjoint un homme qu'on devait présumer un peu plus expert que lui en matière de rédaction; c'était Antoine Vitré, imprimeur du roi, qui, en sa qualité d'ancien consul et d'ancien directeur de l'Hôpital général, avait aussi été appelé à cet arbitrage. Par malheur, il était bien vieux alors, il n'avait pas moins de quatre-vingt-un ans, et ce procès-verbal, qui sans doute n'eût été qu'un jeu pour sa plume, au temps de sa jeunesse, en 1621, par exemple, lorsqu'il imprimait le *Bruslement des moulins des Rochelois*, se trouvait être tout à fait au-dessus de ses forces en 1668.

Dans cette collaboration boiteuse, tout manquait donc à la fois pour la rédaction du pauvre procès-verbal, d'un côté l'habitude, de l'autre la force d'écrire. Que faire contre cette double impuissance? S'adresser à quelque plume obligeante du dehors? Le drapier, qui tenait sous sa main son cousin le poëte, ne dut pas être longtemps à songer à cet expédient ; et Molière, une fois la proposition faite, ne dut pas non plus faire attendre son consentement. C'était un service à rendre, et en même temps, car on dut lui laisser le champ libre, c'était une occasion de jouer un bon tour à la Faculté ; il eût accepté deux fois pour une !

« Les hostilités entre Molière et les médecins, dit Grosley, avoient commencé en 1665 par *l'Amour médecin*. *Le Médecin malgré lui*, joué en 1666, *l'Avare*, en 1668, nourrissoient la guerre ; et, en 1669, Molière travailla à engager avec les médecins une action générale dans son *Pourceaugnac*, qui fut joué au mois d'octobre de cette année, au commencement de laquelle Vitré, Guy Poquelin et les autres notables avoient donné leur avis sur le pain mollet. »

Molière, d'ailleurs, et Grosley aurait pu le faire remarquer, savait bien tout le ridicule qui résultait pour les médecins de ces puériles débats ; il n'ignorait pas le tort qu'on leur faisait en les publiant, et peut-être n'était-il pas fâché de contribuer à cette publicité railleuse autrement que par ses comédies.

Dans *l'Amour médecin*, dont la représentation avait suivi de près les disputes survenues à Rouen et à Marseille, en 1664, entre la Faculté de médecine et le corps des apothicaires, il n'avait pas manqué de faire malignement allusion à ces querelles et aux moqueries dont les avait accueillies le public :

« N'avez-vous point de honte, messieurs, avait-il fait dire par M. Fillerin[1], de montrer si peu de prudence pour des gens de votre âge, et de vous être querellés comme de jeunes étourdis ? Ne voyez-vous pas bien quel tort ces sortes de querelles nous font parmi le monde ? et n'est-ce pas assez que les savants voient les contrariétés et les dissensions qui sont entre nos auteurs et nos anciens maîtres, sans découvrir encore au peuple, par nos débats et nos querelles, la forfanterie de notre art ? Pour moi, je ne comprends rien du tout à cette méchante politique de quelques-uns de nos gens, et il faut confesser que toutes ces contestations nous ont décriés depuis peu d'une étrange manière, et que, si nous n'y prenons garde, nous allons nous ruiner nous-mêmes. Je n'en parle pas pour mon intérêt ; car, Dieu merci, j'ai déjà établi mes petites affaires. Qu'il vente, qu'il pleuve, qu'il grêle,

1. *L'Amour médecin,* acte III, scène I.

ceux qui sont morts sont morts, et j'ai de quoi me passer des vivants; mais enfin toutes ces disputes ne valent rien pour la médecine. »

On voit par là avec quel empressement Molière saisissait toutes les occasions de ces petites zizanies médicales, avec quel art il en exploitait le ridicule, avec quel soin surtout il empêchait que le public ne les oubliât. On comprend dès lors aussi qu'il ne fallut pas le supplier longtemps pour qu'il consentît à être le greffier ironique et railleur de l'*Avis* que Vitré et Guy Poquelin avaient à rédiger.

Grosley veut même qu'il n'en ait pas été prié que par les arbitres intéressés. A l'entendre, il serait intervenu près de lui un bien plus haut personnage. La raison qu'il donne de son opinion, quoique un peu tirée, n'est pas à omettre ici :

« Le premier président Lamoignon, dit-il, étoit sans doute *pain molliste*, ainsi que les premières têtes du parlement, qui, par arrêté du 20 mars 1670, prononcèrent en faveur du pain mollet, contre l'avis du rapporteur et du lieutenant général de police.

« Or, M. de Lamoignon, voyant cette affaire de l'œil dont il venoit de voir celle du lutrin de la Sainte-Chapelle, c'est-à-dire comme prêtant également au ridicule, crut pouvoir abandonner les médecins partagés sur le pain mollet aux traits de l'homme le plus alors en état d'en tirer parti, comme il avoit livré à Boileau les chanoines partagés pour le lutrin. »

S'il s'était agi de tous autres gens que de ceux qu'il poursuivait de sa raillerie implacable, je comprendrais peut-être qu'il eût été besoin près de Molière de toutes ces démarches, de tous ces pourparlers ; mais il était question d'une nouvelle escarmouche à livrer aux médecins, il n'en fallut donc pas tant, je crois : sur un premier avis, sur une seule invitation, il dut y aller de lui-même.

La chose décidée, les rôles se distribuèrent ainsi. Guy Poquelin ne dut paraître et ne parler qu'en sous-ordre ; c'est à Antoine Vitré que revint l'emploi de rapporteur, non-seulement, comme le veut Grosley, afin de dérouter les gens intéressés à découvrir le véritable auteur de la pièce, mais aussi parce que ce droit de parler revenait naturellement à ce vétéran des imprimeurs, à ce doyen des arbitres, et que Guy Poquelin, loin de le lui disputer, devait se contenter de reprendre en sous-œuvre ses arguments, et, ce qu'il fit, se borner à les résumer en quelques phrases concises qui en ramèneraient la malice rendue plus vive encore et mieux aiguisée. D'ailleurs, il ne dut pas déplaire à Molière de donner à son ironie contenue et pleine de raison l'autorité de ce vieux bon sens, et de morigéner les médecins à l'aide de cette parole octogénaire.

IV

Maintenant voyons cet *Avis*. Certainement, comme l'a si bien dit Grosley, il serait difficile de retrouver, dans le ton de gaieté qui y règne, sous l'air de la plus franche bonhomie, le vieillard de quatre-vingt-un ans; quand on l'aura lu, on dira certainement encore, avec le spirituel savant qui nous guide, que, quel que fût le fond de gaieté conservé par Antoine Vitré, il était impossible « qu'une plaisanterie ainsi liée et soutenue » pût jaillir d'une plume aussi tremblante. Il en fallait nécessairement une autre, ferme, incisive, exercée, et c'est celle-là qui se fait partout sentir; c'est celle de Molière.

Il est là à chaque ligne, avec cet art de

prendre tous les tons, de parler tous les langages, art incomparable dont les ressources lui furent si nécessaires quand il eut à faire expliquer M. Bonnefoy, le conseiller de Béline, sur les contrats, donations, douaires et préciputs; Scapin, sur le labyrinthe de la chicane et les paperasses du greffe; les médecins de Pourceaugnac, sur la manie ou l'hypocondrie de leur client, etc.

Ici c'est le style de procès-verbal qu'il lui faut prendre, et vous allez voir comme il saura le manier, comme il se faufilera au milieu de ces interminables phrases sans y dérouter sa verve, sans y enchevêtrer son ironie, sans y émousser sa malice; comment, sans se départir d'aucun des mots réclamés par ce jargon mi-parti médical, mi-parti judiciaire, il montrera leur béjaune à messieurs de la Faculté, aussi bien que s'il s'ébattait, avec toutes ses aises, dans la plus libre de ses pièces, ayant l'aide de Mascarille ou de Scapin.

Mais il est temps de l'écouter parler, ou, sinon lui, Antoine Vitré, son Géronte railleur dans cette comédie :

« Antoine Vitré, imprimeur ordinaire du Roy et du Clergé de France, ancien consul, âgé de quatre-vingt-un ans, après serment par luy faict, a dit, que les médecins, ayant esté assemblez, chez M. Brayer, luy déposant, leur auroit ouy dire une infinité de belles choses sur le subjet de cette leveure, alleguant beaucoup de passages des plus celebres autheurs de la médecine grecs et latins et d'autres autheurs encore très anciens, que ces messieurs ont dit en avoir parlé ou de choses approchantes; qu'enfin quatre d'entr'eux furent d'advis qu'il falloit absolument deffendre aux boulangers de se servir de cette leveure : que les deux autres, après avoir dit aussi une infinité de choses très belles et très curieuses et cité de mesme beaucoup d'autheurs grecs et latins, ont conclu qu'il n'en falloit pas deffendre l'usage. Le déposant a dit qu'il ne sauroit dissimuler qu'il fut surpris d'entendre des advis si opposez de personnes d'un si grand savoir et capables, comme le sont ces messieurs, que la Cour a choisis tous docteurs de la plus celebre Faculté du monde, et en une affaire de la derniere importance, puis qu'il s'agit de la santé des habitans de la ville de Paris. Qu'il a considéré que la Faculté de médecine, tout entière, ayant déjà naguières deliberé sur cette question, suivant l'ordre de monsieur le lieutenant de police, il fut arresté qu'on defendroit aux boulangers de ne se plus servir de leveure, mais qu'il a sceu de bonne part que la chose n'y passa pas tout d'une voix, comme elle y eust sans doute deu passer s'il eust esté aussi préjudiciable à la santé que ceux qui furent contre la leveure l'avoient dit en opinant; au contraire que le nombre de ceux qui furent d'advis que les boulangers s'en pouvoient servir fut presque esgal aux autres puis qu'il y en eust trente contre quarante cinq; il adjouste qu'il ne sauroit se persuader que si messieurs de la Faculté de médecine eussent reconnu que cette façon de faire lever la paste eust esté si préjudiciable à la santé, ils n'eussent pas attendu que le magistrat de police leur eust ordonné d'en parler, et n'eussent pas permis sans doute que tant de personnes de grande qualité, qui déposent leur santé entre leurs mains et de quy mesme ils ont des appointements pour cela, eussent si longtemps mangé de ce pain, le voyant tous les jours servir sur leurs tables; autrement, c'eust esté une condescendance criminelle; ce quy ne tombera jamais dans l'esprit d'une personne raisonnable, si l'on considere outre cela que leur interet s'y trouve meslé; qu'ayant veu et ouy tout ce qui s'est peu dire pour et contre cette leveure, il a creu que la chose tout au plus ne pouvoit estre que problématique, et qu'il pouvoit bien au moins dire librement ce qu'il en pensoit, sans crainte qu'on le peust accuser de temerité, puis qu'il ne prétendoit pas en parler comme docteur, mais seulement comme un simple bourgeois, selon que son honneur et sa conscience le luy pouvoient dicter.

« Il a donc dict qu'il a toujours veu, dès sa jeunesse, du pain mollet chez tous les boulangers de petit-pain [1]; que depuis que la Reine mère Marie de Médicis vint en France, ils y commencèrent de cuire de cette autre sorte de petit pain, qu'on appelle encore aujourd'huy du pain à la Reine, qui ne se faict qu'avec la leveure; que dans toutes les grandes tables, il ne se mange que de ce pain léger qui ne s'est jamais faict qu'avec la leveure; que les plus considérables communautez de Paris n'en mangent point d'autres, que les

---

1. Ce qui est très-vrai, cette sorte de pain avait été connue de tout temps à Paris (V. Le Grand d'Aussy, *Vie privée des Français*, 1815, in-8°, t. I, p. 112-114). — Je n'en donnerai qu'une preuve, le nom de la rue *Jean-Pain-Mollet*, déjà connu en 1261.

Peres Jesuites de Sainct-Louis, ceux du collège de Clermont, et ceux du Noviciat se servent de la leveure; que les Pères de l'Oratoire de la rue Sainct-Honoré et ceux de Sainct-Magloire en usent, ceux de Cluny de mesme; qu'il est vray qu'à l'Institut, depuis la mort de M. Leconte, qui estoit leur medecin, en ayant pris un autre qui estoit véritablement du nombre de ceux qui la condamnent, il leur a persuadé de ne s'en plus servir, mais que ce n'est qu'environ depuis un an; les Peres de la Doctrine chrestienne s'en sont toujours servy, jusques il y a peu de temps, ils se sont avisez de faire du pain bourgeois; c'est à dire qu'ils mettent tout dans le pain, excepté le gros son, comme font les mesnages, qui cuisent eux-mesmes leur pain.

« Il a adjousté qu'il y a des villes entières en France où tout le pain qui s'y mange est faict avec la leveure; qu'à Sainct-Malo, entre autres, on l'emporte vendre par la ville, dans des boëtes, comme on vend icy de la moustarde; qu'on l'y expose dans les marchez : et néantmoings ceux qui y ont esté savent que les habitans vivent aussi long-temps pour le moins que dans toutes les autres villes du royaume. Qu'enfin, après avoir considéré le grand nom-

e de savans médecins de la Faculté quy sont
dvis qu'on se peut servir de cette leveure;
e l'autre plus grand nombre l'a souffert à
n veu et à son sceu, sans avoir jamais def-
du à ceux quy leur ont remis les soins de
r santé d'en manger, et qu'il les a veus sou-
nt en manger eux-mesmes, à leur table; que
y qui dépose a quatre-vingt-un ans, n'en
ant guère mangé d'autre; il est d'advis que,
us le bon plaisir de la Cour, les boulangers
issent à leur ordinaire se servir de franc le-
in et de leveure de biere ensemble pour faire
pain, à la charge de ne se pas servir de le-
ure, qu'on apporte icy de Flandres et de Pi-
rdie, parce qu'il est difficile, et l'on peut
esme dire qu'il est impossible de garder cette
ume si long-temps, sans qu'elle se chansisse
qu'elle s'aigrisse, et c'est très-souvent ce quy
use l'amertume qu'on sent en mangeant de
s chanteaux qu'on appelle *cousins*[1]. Qu'il

---

[1]. C'est ce que Furetière appelle à tort *couvin* dans
Roman bourgeois. « Le *cousin*, d'après le *Dic-*
nnaire de Trévoux, étoit un chanteau long qu'on
soit jadis, quand on rendoit le pain bénit, pour en
voyer des parts aux parents et aux amis. » Dès
s l'étymologie du mot est facile à comprendre.
arigny ne manque pas d'en parler dans son poëme

estime que la Cour pourroit mander les jurez boulangers et les jurez patissiers, pour leur deffendre, sur de grandes peines, d'employer de cette vieille leveure qu'on apporte icy de la Picardie et de la Flandre, mais seullement de se servir de celle quy sort de la biére, quy se brasse toute l'année, avec laquelle ils continueront de mettre du franc levain. Le déposant a encore adjouté, que si le levain que les boulangers font de leur paste, à leur ordinaire, n'est frais, et qu'ils le laissent vieillir plus qu'il ne faut sans le rafreschir, il se corrompt, de telle sorte qu'il est impossible d'en souffrir la senteur, quy est beaucoup plus aigre et plus puante que n'est celle de biere, quelque corrompue qu'elle soit, et que c'est peut-être pour cette raison-là que saint Paul,

du *Pain bénit*. Il fait dire par un marguillier :

> *Jadis, les chanteaux des* cousins
> *Dans nos maisons servoient de miches,*
> *Nous en fournissions nos voisins.*
> *Maintenant on nous fait cent niches;*
> *Les principaux et les plus riches,*
> *Inspirés par quelque Satan,*
> *Deviennent si malins, si chiches,*
> *Qu'à peine voit-on dans un an*
> *Quatre pains-bénits à corniches.*

écrivant aux Corinthiens, s'est servy de la comparaison du levain, quand il leur dit qu'un peu de levain corrompt toute une grosse masse de paste, et qu'il les exhorte, surtout d'oster le vieux levain; comme il y a lieu d'espérer que nos seigneurs de la Cour le commanderont aux boulangers et aux patissiers, sous telle peine qu'il leur plaira.

« *Signé*, ANTOINE VITRÉ. »

Le chef d'emploi vient de parler, le compère, Guy Poquelin, va reprendre son dire et le confirmer en le résumant :

« GUY POCQUELIN, marchand drapier, bourgeois de Paris, dit que la question sur la leveure est d'autant plus importante qu'il s'agit de la santé d'une multitude d'habitans de la grande ville du monde : qu'il a sceu les convocations cy-devant faictes sur ce subjet, par M. le lieutenant de police, où se sont trouvez les plus fameux medecins et autres personnes fort éclairées dans l'usage du monde par lesquelles cette question a esté décidée, que sans doute, tant de si célebres medecins se croiroient d'autant plus coupables de condescendance criminelle, s'ils avoient jusqu'à présent souffert cet usage; qu'il n'est aussi à croire que tant de personnes de qualité, quy confient leur santé entre leurs mains eussent jusqu'à présent voulu souffrir leur estre servy de ces pains, s'ils avoient jugé qu'ils fussent préjudiciables à leur santé. Cela ne peut tomber en l'esprit du moindre sens commun. Adjouste à cela que, dans la plupart des communautez de Paris, religieux et religieuses, il entre de la leveure dans le pain qu'ils mangent, lequel est beaucoup plus leger, et charge moins l'estomac, que le pain avec du levain seul quy est plus nourrissant et plus convenable pour des personnes quy travaillent beaucoup de corps. Dit de plus, qu'ayant voyagé dans beaucoup de pays estrangers, il a reconnu que les boulangers se servent de leveure, avec du levain, pourveu que l'un et l'autre soit frais et non gardé; c'est pourquoy il est d'advis, sous le bon plaisir de la Cour, que les boulangers puissent à leur ordinaire se servir de franc levain frais et de la leveure de biere ensemble pour faire leurs pains, à la charge par eux d'en user avec modération; et qu'ils ne se servent d'aucun levain et leveure étrangère, ainsy qu'il s'en apporte de Picardie, mais de celle de Paris seulement; dit en outre qu'il trouveroit à propos que M. le lieutenant de police fit assembler chez luy les boulangers et patissiers et qu'ils fissent serment de n'user plus désormais d'autres levains ou leveures que de celle de Paris et des faux bourgs et que les boulangers y résoudront la quantité du levain et de leveure qu'ils employeront, le tout sous les peines qu'il plaira à la Cour ordonner; ce qu'il certifie avoir écrit et signé.

« *Signé*, POCQUELIN,

et plus bas, R. DU LAURENS[1]. »

Pour Grosley, après qu'il eut vingt fois lu et relu ces deux pièces,—il eut seulement le tort de ne pas reproduire la seconde, ainsi que nous le faisons ici;—après qu'il eut sérieusement pesé tous les faits militant en faveur de son opinion, et que nous avons plutôt, je crois, augmentés qu'affaiblis, il n'y eut plus de doute à émettre sur celui qui en est le véritable auteur, je parle surtout de la première partie.

« Il me semble, dit-il, apercevoir, d'après ces conjectures combinées, Molière parlant

---

1. Extrait du *Traité de la police*, liv. IV, tit. IV.

par la bouche de Vitré. » Un peu plus loin, il ajoute encore : « Ainsi l'avis de Vitré peut être joint aux œuvres du père de la scène françoise, au même titre que la *Lettre* ou *Observation sur la comédie de l'Imposteur*, imprimée d'abord en 1667, et ensuite en 1670, où tout décèle la main de Molière, tant dans le principal que dans les accessoires. J'avois en conséquence, dit-il encore, engagé M. Bret à enrichir de ses *Observations*, l'édition qu'il vient de donner des *Œuvres de Molière*. »

Il ne s'en tient pas là; il pense que, dans cette affaire du *pain mollet*, le grand comique intervint peut-être pour la rédaction de quelques autres pièces, notamment pour les *Mémoires* que présentèrent les boulangers, et qui étaient d'une telle malice, d'une telle virulence, que les cabaretiers, l'adverse partie, en demandèrent vivement la suppression; ce qu'ils n'obtinrent pas.

L'arrêt de 1670 en parle, et c'est d'après la mention qui s'y trouve que Grosley se mit à la recherche de ces *Mémoires*, mais sans résultat. Nous avons fait comme lui; et sans obtenir, sans trouver davantage. Toutefois, comme, en ces sortes de choses, il doit toujours rester un peu d'espoir à quiconque se sent le désir et la patience nécessaires, nous ne désespérons pas. Si, ces *Mémoires* étant trouvés, nous croyons y découvrir, comme ici, la main de Molière, ne fût-ce que par un mot, un simple trait de plume, nous ne manquerons pas de les faire connaître.

MOLIÈRE ET LES ANGLAIS

I

Molière a-t-il connu les pièces de Shakspeare et s'en est-il inspiré? telle est la question qu'on s'est bien souvent posée, et qui en entraîne une foule d'autres. Si l'on ne s'en réfère qu'aux dates, on se hâte de répondre : Oui. Shakspeare était, en effet, mort depuis cinq ans au moins quand naquit Molière, et celui-ci aurait pu, par conséquent, avoir connaissance de son répertoire, dont la plus grande partie avait été publiée dès l'année 1603[1]. Ainsi, dans cette affaire, la vraisem-

---

1. V. sur cette édition d'excellents articles du *Globe*, 19 août et 9 septembre 1826.

blance est pour l'affirmative ; la vérité, qui ne se paye pas des mêmes raisons, est pour l'opinion contraire.

Du temps de Molière, il ne faut pas l'oublier, la littérature anglaise était considérée en France comme une littérature de barbares dont le théâtre était la plus grossière partie. C'était pour le Français poli un débris fruste de ce qu'on appelait le gothique, en confondant ainsi sous un seul mot méprisant toutes les merveilles de l'art et de l'esprit au moyen âge. Les Anglais, assez complaisants pour l'influence italienne, dont les subtilités à *concetti* s'enroulent en parasites disparates autour des fortes membrures de l'œuvre de Shakspeare, avaient au contraire tenu bon contre l'invasion de la Renaissance classique. Son courant n'avait pour ainsi dire fait que côtoyer leur littérature sans la pénétrer. C'est ce qu'on ne leur pardonnait pas dans la société française, vouée à l'admiration exclusive des œuvres nées de ce retour vers le génie antique. La délicatesse du goût poussée jusqu'à la pruderie se révoltait de tout ce qui ne la flattait pas. Dans le tragique surtout,—car la farce se permettait encore d'assez ordurières licences,—on s'indignait du moindre mot un peu choquant, et un jeu de scène trop hardi faisait aussitôt crier au barbare. Jugez alors de ce qu'on pouvait penser du théâtre anglais, où les meurtres restent si rarement à la *cantonade*, où la scène se transforme si facilement en échafaud !

Un délicat, un précieux du temps, Le Pays, se trouvant à Londres peu après la restauration des Stuarts, semble ne pouvoir, dans ses *Lettres*, donner une idée complète du mal de cœur qui lui prit en voyant ces hécatombes du théâtre anglais, et le plaisir qu'y trouvaient les plus belles dames de Londres : « Vous sçavez, monsieur, écrit-il à un ami, que c'est une règle de notre théâtre de n'exposer point les choses tragiques aux yeux des spectateurs. Nos poëtes qui connoissent notre douceur n'ensanglantent point notre scène et jamais ils n'y font paraître le meurtre, ni les autres actions violentes. Tout au contraire, les poëtes anglois, pour flatter l'humeur et l'inclination de leurs spectateurs, font toujours couler le sang sur leur théâtre et ne manquent jamais d'orner leurs scènes des catastrophes du monde les plus cruelles. Il ne se joue pas une pièce qu'on n'y pende, qu'on n'y déchire et qu'on n'y assassine quelqu'un. Et c'est à pareils endroits de leurs comédies, que les femmes battent des mains et éclatent de rire.... » Saint-Amant dans son caprice héroï-comique, l'*Albion*, qui jusqu'à ces derniers temps resta inédit [1], s'épuise de même en colères bouffonnes contre les grossièretés sanglantes ou bachiques du théâtre anglais qui, surtout en ce dernier point, auraient dû pourtant lui plaire. Il aime l'ivresse et le tabac au cabaret, mais il ne peut les souffrir ailleurs, et le cœur lui saute de les trouver sur les scènes de Londres :

> *Un roi pétune (fume) en sa chaize,*
> *Tandis qu'un bègue discourt ;*
> *L'un est borgne, l'autre est sourt*
> *Et n'a ny rabat, ny fraize ;*
> *L'autre atteint du mal des dents,*
> *Estonne les regardants*
> *De sa joue enveloppée,*
> *Et l'autre fait la pouppée*
> *Au gré des yeux impudents.*

Saint-Amant, qui ne trouve que mal de cœur dans les pièces sérieuses du théâtre an-

---

[1]. M. Ch. Livet l'a publié le premier dans son édition des *Œuvres complètes* de Saint-Amant, t. II, p. 437 471.

glais, ne trouve pas à rire dans ses farces. Les *clowns* ou paysans plaisants qui venaient faire l'intermède en causant avec les spectateurs [1], l'ennuient au suprême degré, comme « maigres et plats bouffons; » les habiles de la voltige anglaise, qui, même chez nous, avaient alors de grands succès [2], ne semblent pas le charmer davantage; il est d'avis que nos danses valent mieux que les danses roides et guindées des Anglais [3]; il ne peut comprendre qu'on s'amuse à des pièces où l'on ne fait que s'agiter et se battre, où, suivant un usage que les acteurs anglais n'ont pas oublié et que les nôtres ont trop bien appris, on ne voit que duels, « feintes et faux combats; » enfin à l'entendre,

Nos moindres joueurs de farces,
Valent tous ces histrions.

Saint-Évremond, dans son chapitre sur les *Tragédies*, ne fait guère moins le dégoûté

---

1. W. Scott, *Vie de John Dryden,* traduit de l'anglais; 1826, in-12, t. I, p. 92.
2. Priezac, *Poésies*; 1650, in-8°, p. 167.
3. Nos danses étaient devenues à la mode en Angleterre. V. le *Journal* de Sam. Pepys, 15 novembre 1666.

lorsqu'il parle de ce théâtre où l'on ne voit, dit-il, « qu'un amas confus d'événements, sans considération des lieux ni des temps; sans aucun égard à la bienséance. »

Il accorde cependant quelque chose. Il convient qu'en faisant quelques retranchements dans certaines vieilles tragédies anglaises « on pourroit les rendre tout à fait belles. » De quelles pièces parle-t-il? de celles de Ben-Johnson sans doute, et peut-être aussi de celles de Shakspeare [1].

Cet éloge tempéré est le seul qu'un auteur français se soit permis alors en faveur de la littérature dramatique d'Angleterre; mais il était trop froid, trop isolé surtout pour entraîner personne.

Le théâtre anglais resta donc sans admirateurs, et même sans traducteurs, en France.

II.

L'ignorance où nous étions alors de la langue de nos voisins eût été chez nous un

---

[1]. Saint-Amant, lui, ne nomme que Johnson.

obstacle à la popularité de la littérature anglaise, lors même que notre goût lui eût donné crédit. Les langues italienne et espagnole étaient les seules qu'on se permît, comme langues de luxe, dans le beau monde; les autres étaient dédaigneusement exclues, notamment l'anglaise, bien qu'issue directement de la nôtre. C'était une fille que sa mère ne daignait pas reconnaître.

Molière savait l'italien, il pouvait parler en leur langue aux excellents bouffons, qui pour tant de choses furent ses maîtres, et dont il fit toujours si volontiers sa société[1]; il savait aussi le castillan, et quelqu'un m'a dit qu'il existait quelque part des vers espagnols de sa façon. Sa femme n'était pas moins instruite; stylée par des maîtres d'Italie, dans leur manière de chanter[2] et dans leur langue, elle pouvait au besoin, comme elle fit pour *le Parisien* de Champmeslé, en 1682, jouer un rôle tout en italien[3]; mais je répondrais, en revanche, qu'elle ni Molière ne savaient pas le moindre mot anglais.

1. Palaprat, *Œuvres*; 1712, in-8°, t. I, préface.
2. Les *Entretiens galants*, t. II, p. 89.
3. Léris, *Dictionnaire portatif des Théâtres*; 1763, in-8°, p. 333-334.

On avait alors à Paris des comédiens d'Italie, que tout le monde de la cour comprenait sans interprètes, et même aussi des comédiens venus d'Espagne, et gagés par la reine Anne d'Autriche, dont il aurait été de mauvais ton de ne pas paraître comprendre les pièces sans le secours d'une traduction [1]. Quant à des acteurs anglais, il n'en vint pas à ma connaissance.

Quelques sauteurs d'Angleterre firent leur métier aux foires Saint-Laurent et Saint-Germain; ce fût tout, et Molière n'alla pas voir à Londres ce qu'il n'avait pu voir à Paris. Ceux donc qui prétendraient que, si l'auteur du *Misanthrope* ne connut pas les œuvres du poëte d'*Hamlet* par la lecture, il put du moins les connaître par la représentation, se tromperaient étrangement.

Alors, à Londres même, on commençait à très-peu jouer Shakspeare, discrédité par l'invasion de notre goût et de nos modes en Angleterre. Ses pièces, quand on les hasardait sur la scène, n'y paraissaient plus que mutilées, pour cause de décence.

---

1. Nous publierons prochainement l'histoire des Comédiens espagnols en France.

Falstaff, plantureuse et rubiconde satire de ces lords coureurs de taverne, dont la manie nouvelle était d'affecter des airs d'élégance, sans rompre pourtant avec la crapule de tradition, Falstaff avait disparu du *Henri V*[1].

Un théâtre à peine toléré sur son propre sol n'était guère, on le comprend, d'exportation possible, surtout dans le pays d'où était venue la pruderie qui avait causé sa disgrâce.

On ne joua donc en France, du temps de Molière, rien qui rappelât Shakspeare; mais à Londres, en revanche, on joua plus d'une pièce qui rappelait Molière, quand elle ne le copiait pas.

Au mois de juin 1670, la belle-sœur du roi, cette aimable Henriette, qui entre autres vertus eut celle de comprendre Molière et d'oser le protéger, fit à Londres un voyage de négociation, d'où elle ne devait revenir que pour trouver de plus nombreux ennemis et leur échapper par la mort.

On lui fit de grandes fêtes chez Charles II et chez le duc d'York, son frère. La comédie

---

[1] V. un excellent article sur Wycherley, dans la *Revue Britannique*, mars 1841, p. 29.

n'y manqua pas, et comme si l'on eût deviné son goût devenu si bien français, ce n'est pas la comédie anglaise, c'est la comédie de Molière, assaisonnée un peu à la mode du pays, mais pas trop gâtée pourtant, qui lui fut donnée pour régal.

Robinet, qui écrivait sa *Gazette rimée* pour Madame, et qui avait des *correspondants* à sa suite jusque dans le palais de la duchesse d'York, nous raconte en quelques vers très-mauvais, mais non moins curieux, une de ces représentations de Molière, habillé à l'anglaise. La troupe de la princesse qui, dit-il, « avoit bon bec, »

> *Fit, dans son anglicane langue,*
> *A l'héroïne une harangue*
> *En laquelle, fort à propos,*
> *Le harangueur mêla le los (la louange);*
> *Ce dit-on, du sieur de Molière;*
> *Gloire pour lui bien singulière,*
> *D'autant que c'est lui qu'ils jouoient,*
> *Et, qu'à ravir, ils imitoient*
> *Dans ses Médecins, ses Écoles*
> *Et dans ses autres plus beaux rôles* [1].

Voilà donc, vous le voyez, Molière imité, copié, volé de son vivant par les Anglais. Il y

---

1. *Gazette rimée*, 14 juin 1670.

a loin de là, ce nous semble, au braconnage qu'on lui suppose sur les terres de Shakspeare, et dont nous reparlerons dans un instant.

III

Les Anglais, de passage à Paris, avaient été ses assidus spectateurs, et, de retour chez eux, avaient contribué à y répandre l'admiration, et par suite l'imitation de ses œuvres. Le médecin Lister qui, vers 1670, se trouvait à Paris, fit comme tous ses compatriotes, il admira Molière [1], et retourné à Londres, il s'en alla racontant ce qu'il savait de lui, écoutant ce qu'on en racontait. Il était sur ce sujet aussi curieux d'anecdotes que nous le sommes aujourd'hui, car la curiosité se mesure aussi bien sur l'éloignement des pays que sur la distance des temps. Il s'enquérait partout.

La révocation de l'édit de Nantes lui amena justement un confrère de Paris, un médecin qui avait eu quelques rapports avec Molière. Il alla le voir, et voici ce qu'il apprit.

1. Lister, *A Journey to Paris*, 1699, in-8°, p. 172.

Molière souffrant, toujours en quête de remèdes, ne croyant pas aux médecins, mais ne se lassant pas d'interroger la médecine, avait fait demander le docteur protestant, qui se défia, crut à un piége et non à une maladie. Pour toute réponse au pauvre grand homme, il lui fit dire qu'il irait le voir : 1° si, sans autres discours, il voulait bien répondre à ses questions; 2° s'il consentait à prendre les remèdes qui lui seraient prescrits [1].

Molière, qui voulait sa liberté, surtout avec la médecine, ne fit pas venir le médecin protestant.

Il n'en mourut pas moins vite. Le docteur savait des anecdotes sur sa mort, comme s'il y eût été pour quelque chose. C'est lui, par exemple, qui dit à Lister ce détail que personne n'avait rapporté : Quand Molière, presque agonisant, dut quitter la scène, il aurait dit au public : « Messieurs, j'ay joué *le Malade imaginaire*, mais je suis véritablement fort malade [2]. » On a douté de l'anecdote, mais j'y crois pour mon compte. Le dernier mot de Molière au parterre devait être un trait comique.

1. Lister, *A Journey to Paris*, p. 173.
2. Ces mots sont en français dans le texte de Lister.

Après sa mort, qui ne fut qu'un élan nouveau pour sa popularité, les incursions pillardes des Anglais dans ses œuvres firent plus que jamais rage et profit.

Wycherley, qui avait pris goût au *Misanthrope* en le voyant jouer par Molière pendant sa jeunesse passée à Paris[1], s'empara du chef-d'œuvre et le gâta dans son *Plain dealer* (l'homme franc)[2]. De *l'École des Maris* et de *l'École des Femmes*, qu'il hacha sans merci pour les pétrir ensemble, il composa sa comédie de *l'Épouse de campagne*[3], et avec un fragment textuellement traduit de la *Critique de l'École des Femmes*, il fit la meilleure scène d'une de ses meilleures pièces.

Le duc de Newcastle, tout grand seigneur qu'il fût[4], procédait de même, et sans plus

---

1. *Revue Britannique*, mars 1841, p. 33. « Il s'était fait catholique à Paris et y avait connu la société de l'Hôtel Rambouillet. » Rathery, *Des relations sociales et intellectuelles de la France et de l'Angleterre*. (*Revue Contemporaine*, 15 octobre 1855, p. 176.)

2. Le vrai sens est : *Le marchand franc*. Voltaire, qui trouve cette pièce intéressante, en donne l'analyse dans sa XIXe *Lettre sur les Anglais*. V. aussi Widal, *Des divers caractères du misanthrope*, p. 59.

3. *Country wife*.

4. Sa femme faisait aussi des pièces de son côté et

de façon, avec le répertoire de Molière : de *l'Étourdi*, il faisait sa pièce de *Sir Martin Mar-all* (gâte-tout), qui fut ensuite reprise et refaite par Dryden[1]. Non content à son tour de ce plagiat de seconde main, celui-ci s'en permettait un plus direct dans la comédie du *Dépit amoureux*, d'où il tirait adroitement une scène excellente pour son *Faux Astrologue*, tandis que son ennemi Ravenscroft faisait jouer sur le théâtre du Duc une imitation presque textuelle du *Bourgeois gentilhomme*[2].

Tartuffe fut aussi refait en anglais, mais ne réussit pas, selon Voltaire, par cette raison bien simple qu'il n'y a pas de Tartuffe à Londres « et que, dit-il, on ne se plaît guère aux portraits des gens qu'on ne connaît pas[3]. » Il nous semble cependant que les hypocrites, qui ne sont pas tous d'Église, ne manquent pas tant dans la vie anglaise. Il y en a pour le

---

même d'assez ridicules. Sam. Pepys se moque fort de ses *Amants fantasques*. (V. son *Journal*, à la date du 11 avril 1667.)

1. W. Scott, *Vie de Dryden*, t. I, p. 131-132.

2. *Id.* p. 197. — La pièce de Dryden s'appelle : *The citizen turned Gentleman*.

3. *Lettres sur les Anglais*, lettre XIX.

moins un dans l'*École de la médisance* de Sheridan; et Chéron n'eut pas tort lorsqu'il donna le titre de *Tartuffe de mœurs* à la pièce qu'il tira de cette comédie.

Je ne connais pas le *Tartuffe* anglais. Je sais seulement que l'auteur, trouvant sans doute qu'il y avait disette de personnages dans l'original, crut utile de renforcer sa pièce en y ajoutant Laurent, le valet de Tartuffe [1].

De tous ceux qui, sous pavillon anglais, s'en allèrent en forbans écumer les œuvres de Molière, le plus effronté fut le poëte lauréat Shadwell, qui traduisit *l'Avare*. Adoptant, comme principe littéraire, cet axiome de *haute pègre*, qu'il faut tuer son homme après l'avoir volé, il cria bien haut dans sa préface, que s'il avait ainsi détroussé le pauvre homme, ce n'était point par pauvreté d'inven-

---

[1]. G. Guéret, la *Promenade de Saint-Cloud*, dans les *Mémoires* de Bruys, t. II, p. 209, note.—Ce personnage de Laurent se trouve aussi, comme nous l'avons dit plus haut, p. 183, dans la *Critique du Tartuffe*, pièce mauvaise et méchante, qui fut jouée dans sa nouveauté « sur un théâtre particulier, dans le Faubourg Saint-Honoré, chez un seigneur dont on n'a pas retenu le nom. » (*Journal du Théâtre françois,* par de Mouhy, manuscr. de la Biblioth. impér., t. III, p. 1254, v°.)

tion, mais par envie de le rendre meilleur et peut-être, ajoute-t-il superbement, peut-être un peu par paresse : « Je crois, — ce sont ses propres paroles, — je crois pouvoir avancer sans vanité que Molière n'a rien perdu entre mes mains ; jamais pièce française n'a été maniée par un de nos poëtes quelque méchant qu'il fût qu'elle n'ait été rendue meilleure. Ce n'est ni faute d'invention, ni faute d'esprit que nous empruntons des Français ; mais c'est par paresse : c'est aussi par paresse que je me suis servi de *l'Avare* de Molière. »

Il faut convenir, pour être juste, que Shadwell fut plus heureux dans cette imitation de *l'Avare* qu'il ne l'avait été pour celles qu'il avait faites des *Fâcheux* dans ses *Sullen lovers* et des *Précieuses ridicules* dans sa *Bury fair*.

Fielding fit mieux encore dans sa traduction du chef-d'œuvre [1]. Il y ajouta notamment un trait qui ne manque pas de comique. Vous vous souvenez de la scène dans laquelle Harpagon, tout heureux de l'adage : *Il faut manger pour vivre*, etc., que vient de lui

---

1. L'abbé Prévost, dans le *Pour et Contre*; 1733, in-8°, t. I, p. 81-96, parle avec éloge de cette imitation, il en traduit même plusieurs scènes.

apprendre Valère, s'écrie : « Souviens-toi de m'écrire ces mots, je veux les faire graver en lettres d'or sur la cheminée de ma salle. » Dans la traduction anglaise, Harpagon qui s'appelle Lovegold [1], se ravise sur ces lettres d'or. Il pense qu'il ne faut pas prodiguer son argent, même pour la sagesse, et se décide à n'employer dans l'inscription que des lettres ordinaires, d'autant plus, dit-il, qu'elles sont aussi lisibles pour le moins.

Si les Anglais n'eussent glissé que de ces traits dans leurs imitations des pièces de Molière, nous ne leur eussions pas fait grande chicane. Ils eussent ainsi suivi en quelque chose la tradition de Shakspeare, qui, lui aussi, ne se fit jamais faute d'emprunter et d'imiter, mais toujours à la condition d'ajouter, et d'embellir en ajoutant.

IV

Molière ne savait pas l'anglais ; mais Shakspeare, lui, connaissait à fond le français

---

[1]. *Amour de l'or.*

et sa littérature. Quelques lambeaux de dialogue, à peine nuancés d'une légère teinte d'anglicanisme, qu'il glissa dans ses pièces, suffiraient à le prouver, si les emprunts qu'il fit à nos vieux livres n'en étaient une preuve encore plus sûre. Il connaissait Rabelais : dans une scène de *Comme il vous plaira*, il le cite, et dans une autre il le pille [1].

Les *Essais de Montaigne* avaient à peine paru qu'il les lisait déjà et y prenait son bien. Une partie du chapitre du livre Ier sur les *Cannibales* passait dans la huitième scène de la *Tempête*. Reste à décider s'il s'était servi de la traduction de Florio, dont on sait qu'il possédait un exemplaire, ou s'il avait traduit lui-même. Quelques différences de texte me font pencher pour cette dernière opinion [2].

Je suis aussi d'avis que Shakspeare lut dans le texte même du *Recueil des histoires tragiques* de Belforest, et non dans une version anglaise, cette fameuse histoire cinquième, dont il a fait son chef-d'œuvre : *Hamlet*. Vous connaissez le drame; voici le titre du

---

1. Rathery, *Revue Contemporaine*, 15 août 1855, p. 66.

2. V. aussi Fr. Hugo, *Œuvres complètes de Shakspeare*, t. II, p. 332.

chapitre français qui servit de canevas : *Avec quelle ruse Amleth, qui fut depuis roi de Danemark, vengea la mort de Howendille, occis par Frugon, son frère, et autre occurrences de son histoire.*

Nul de nos fabliaux ou contes, de nos légendes ou de nos vieux romans ne semble avoir échappé à Shakspeare. « Élaborés, retravaillés, rimés, traduits d'une langue dans une autre, ils étaient alors en grande faveur partout[1]; » il profitait de la mode.

Son œuvre est, pourrait-on dire, saupoudrée des débris de leur esprit, comme d'une poussière de diamant : là, c'est un mot, plus loin une scène, ailleurs toute une histoire.

Le *Troïlus et Cressida*, comme l'a remarqué M. Fr. Hugo, d'après l'excellente introduction de MM. Moland et d'Héricault à leurs *Nouvelles françoises du XIVe siècle*, dérive d'une légende mise en rimes par le Normand Benoist de Saint-Maur[2]. Shakspeare la prit-il directement au vieux trouvère ? C'est peu probable. Je serais plus

---

1. Ph. Chasles, *Revue de Paris*; 1830, t. X, p. 26.
2. V. encore à ce sujet un travail intéressant de M. Alex. Pey, dans le *Journal de l'Instruction publique*; 19 mars et 2 avril 1859.

volontiers d'avis qu'il la dut à l'imitation que Boccace en avait faite. Les conteurs italiens étaient, en effet, aussi ses pourvoyeurs ordinaires. D'où lui vint l'idée de *Roméo et Juliette ?* d'un récit de Luigi da Porta, imprimé en 1520, c'est-à-dire trente ans avant son drame[1]; et l'*Othello ?* de l'une des *Cent nouvelles*, écrites vers le même temps par Giraldi Cinthio, sous ce titre : *le Maure de Venise*[2].

Cymbeline, le Marchand de Venise, etc., n'ont pas, non plus, d'autre origine.

Maintenant, si l'on songe bien que Molière, lui aussi, dut beaucoup d'un côté à nos vieux fabliaux, et de l'autre aux conteurs italiens, on ne sera plus surpris des quelques points de rapports vagues qui peuvent se trouver entre leurs œuvres; comme, par exemple, entre les *Joyeuses Commères de Windsor* et deux scènes de Molière : l'une de *l'École des Femmes*, l'autre de *la Comtesse d'Escar-*

---

1. V. sur ce point et plusieurs autres *An Essay on the learning of Shakespeare*, par Farmer, et le livre de M. Simrock, sur les *Sources de Shakespeare*, publié à Berlin, en 1831.

2. M. Delécluze en a donné la traduction dans la *Revue de Paris*, t. IX, p. 141-156.

bagnas[1]. Il y a là peut-être une parenté d'inspiration, mais non certes une filiation directe. Tous deux ayant puisé à des sources pareilles, il n'est pas étonnant qu'un même flot coule parfois à travers leurs œuvres.

Je dirai plus : lors même que Molière et Shakspeare auraient traité tout à fait le même sujet, je n'en conclurais pas que celui-là dût rien à celui-ci, par la raison toute simple que parmi les fabliaux ou les contes qu'ils aimaient si bien tous deux, il s'en trouvait qui pouvaient naturellement plaire à l'un après avoir séduit l'autre. Si par exemple Shakspeare eût fait, à sa manière, une comédie du *Médecin malgré lui*, il ne faudrait pas, selon moi, dire que Molière lui en prit l'idée, parce qu'en effet cette idée étant en circulation depuis le moyen âge, sous la

---

1. Rathery, *Revue Contemporaine*, 15 octobre 1855, p. 173. — On trouve dans les *Commères* une phrase dont un passage du *Bourgeois gentilhomme* est la traduction textuelle, c'est celle-ci : « J'aime mieux être incivil qu'importun. » Nous avons prouvé ailleurs, *Variétés historiques et littéraires*, t. IX, p. 209, que c'était une phrase de politesse courante, une formule de civilité banale que Shakspeare et Molière avaient empruntée tous deux aux lieux communs de la conversation bourgeoise.

forme d'un conte populaire, *le Vilain Mire*, dont le texte rimé fut publié à la fin du siècle dernier, il pouvait arriver que Molière s'en emparât, sans rien devoir qu'à la vieille tradition.

C'est ce qui fut en effet, comme le prouve une anecdote oubliée partout, hormis dans la *Vie de Molière*, mise en tête de l'édition de ses œuvres, publiée à la Haye, en 1725 [1] :

« Une personne, qui est aujourd'hui dans un âge avancé, m'a appris, dit l'auteur [2], que *le Médecin malgré lui* n'étoit pas de l'invention de Molière, quant au fond du sujet, mais que quelqu'un ayant raconté en présence du roi une histoire à peu près semblable arrivée du temps de François Ier, qui fut lui-même une des personnes de l'intrigue, Molière la trouva très-propre à être accommodée en farce, et qu'avec quelques changements, il en fit la comédie du *Médecin malgré lui*. »

Cette anecdote n'était qu'une variante du fabliau, rappelé tout à l'heure, et dont la popularité avait été universelle. Il avait couru, avec bon nombre de nos légendes, jusqu'en

---

1. T. I. p. 50.
2. Nous avons dit plus haut, p. 31, note, que cet auteur est Bruzen de La Martinière.

Russie [1] où il n'était personne qui ne le connût encore au xviie siècle [2], si bien que les ambassadeurs moscovites qui vinrent chez nous en 1668 et devant lesquels joua Molière [3], durent être bien surpris, s'il leur donna son *Médecin*, d'y retrouver une histoire qu'ils croyaient de leur pays, mais qui était en réalité de tous les pays du monde [4].

Maintenant, et c'est pour finir, si l'on vous répète qu'Hamlet a quelque chose d'Alceste, n'en concluez pas davantage que Molière connut Shakspeare, les deux personnages se ressemblant, parce que Shakspeare qui est Hamlet, parce que Molière qui est Alceste avaient entre eux cette communauté de tristesse, qui est la marque fatale des génies de cette force. Lorsque Hamlet s'écrie avant Alceste : « Non, l'homme ne me fait pas plaisir à voir; » ou bien encore : « L'homme ne me plaît pas, ni la femme non plus, » ne cherchez pas dans ces paroles, que re-

---

1. V. un article de M. H. Delaveau, sur le *Roman de mœurs populaires*, en Russie, dans la *Revue des Deux Mondes*, 15 juillet 1855, p. 256.
2. Oléarius, *Voyage en Orient*, 1647, in-fol. p. 129.
3. *Gazette rimée*, 29 septembre 1668.
4. V. *l'Indépendance belge*, du 1er et du 7 juillet 1852.

trouvera Molière, le secret d'une imitation, mais le mot douloureux d'une douleur commune [1].

[1]. Nous ajouterons à ce que nous avons dit sur l'admiration des Anglais pour Molière, que les Allemands, au XVIIe siècle, n'en avaient une pas moins vive. Vingt ans après sa mort, il parut chez eux une édition de ses œuvres, dont le titre est un éclatant hommage : *Histrio Gallicus comico-satyricus sine exemplo* ou *Les Comédies de Monsieur de Molière, comédien incomparable du roy de France, divisées en trois tomes*; Nuremberg, Jean-Daniel Tauber, 1695-1696, 4 tomes en 2 volumes, in-12.—Une scène de *la Farce d'Arlequin empereur dans la Lune* s'y trouve ajoutée à la fin, comme étant de Molière. C'est celle de *l'Apothicaire*. (V. Gherardi, *Le Théâtre italien*; 1695, in-8°, t. I, p. 153.)

FIN.

TABLE

Le roman de Molière.................................. 1

Molière d'après le Registre de La Grange....... 71

Les reliques de Molière........................... 131

Molière et le procès du pain mollet............. 191

Molière et les Anglais............................ 229

www.ingramcontent.com/pod-product-compliance
Lightning Source LLC
Chambersburg PA
CBHW070635170426
43200CB00010B/2027